COLLECTION MICHEL LÉVY

LE CHATEAU
DE
MONTSABREY

CALMANN LÉVY, ÉDITEUR

OUVRAGES
DE
JULES SANDEAU
DE L'ACADÉMIE FRANÇAISE

Format grand in-18

CATHERINE	1 vol.
LE CHATEAU DE MONTSABREY	1 —
UN DÉBUT DANS LA MAGISTRATURE	1 —
UN HÉRITAGE	1 —
JEAN DE THOMMERAY	1 —
LE JOUR SANS LENDEMAIN	1 —
MADEMOISELLE DE KÉROUARE	1 —
LA MAISON DE PENARVAN	1 —
NOUVELLES	1 —
SACS ET PARCHEMINS	1 —

THÉATRE

LA CHASSE AU ROMAN, comédie en trois actes.

LE GENDRE DE M. POIRIER, comédie en quatre actes.

JEAN DE THOMMERAY, comédie en cinq actes.

MADEMOISELLE DE LA SEIGLIÈRE, comédie en quatre actes.

LA MAISON DE PENARVAN, comédie en quatre actes.

MARCEL, drame en un acte.

LA PIERRE DE TOUCHE, comédie en cinq actes.

Tours. — Ernest MAZEREAU, imprimeur breveté.

LE CHATEAU

DE

MONTSABREY

KARL HENRI
LE CONCERT POUR LES PAUVRES
VINGT-QUATRE HEURES A ROME

PAR

JULES SANDEAU

DE L'ACADÉMIE FRANÇAISE

PARIS

CALMANN LÉVY, ÉDITEUR
ANCIENNE MAISON MICHEL LÉVY FRÈRES
RUE AUBER, 3, ET BOULEVARD DES ITALIENS, 15
A LA LIBRAIRIE NOUVELLE
—
1876
Droits de reproduction et de traduction réservés

LE CHATEAU
DE MONTSABREY

I

Vers 1845, vivait à Paris un jeune peintre nommé Frédéric Lambert. Il vivait pauvre et content de peu, dans un de ces quartiers silencieux où les artistes se plaisent à faire leur nid. Il avait vingt-cinq ans, de l'esprit, le cœur fier, et, chose rare, plus de talent qu'il ne s'en croyait lui-même. Je ne dis rien de sa figure : sans être beau il était charmant. On ne pouvait le voir sans l'aimer, sans se sentir doucement attiré vers lui. Affectueux et bon, il prenait part aux succès de ses amis et s'en réjouissait. Modeste et confiant dans l'avenir, quoiqu'il n'eût pas encore de chapelles à décorer ni de batailles à peindre pour le musée de Versailles, il ne se plaignait pas de l'injustice de ses contemporains et ne se croyait pas méconnu. Le travail remplissait sa vie. Quelques-uns de ses portraits avaient été remarqués au Salon : ce fut là son point de départ vers le bonheur qu'il méritait et qu'il rencontra sur sa route.

Sa mère et sa sœur vivaient au fond de la province, d'un modeste patrimoine, auquel il ajoutait la meilleure partie de ses épargnes. Il savait que sa sœur devait, au prochain automne, épouser un jeune homme laborieux et pauvre comme elle, qu'elle aimait depuis plusieurs années ; il résolut d'amasser pour elle une petite dot qui lui permît d'entrer en ménage sans inquiétude du lendemain. Depuis longtemps d'ailleurs il rêvait un tour de France, le sac sur le dos, un voyage où il payerait avec sa palette son écot et son gîte, s'arrêtant devant les sites qui lui plairaient, allant gaiement de ville en ville, et mettant son pinceau au service de tous les bourgeois possédés de la noble ambition de transmettre leurs traits à la postérité la plus reculée. Il partit par une belle matinée d'avril, le pied leste et le cœur joyeux.

Rien qu'à sa façon de porter la tête et d'aspirer le grand air en marchant, on le sentait en possession de toutes les faciles joies de son âge; on devinait que, pour être heureux, il lui suffisait d'exister. Au bout de quelques mois, il avait déjà fait une assez jolie pelote. La Providence semblait bénir la douce et pieuse tâche qu'il s'était imposée. Les modèles s'offraient en foule ; sa bonne mine et son talent lui ouvraient toutes les portes. La Touraine, le Poitou, le Limousin lui payaient tribut ; hobereaux et vilains se disputaient l'honneur de poser devant lui. Les figures les plus étranges ne l'effrayaient pas ; il pensait à sa sœur qu'il allait enrichir, et, pendant qu'il reproduisait sur la toile quelque trogne enluminée, quelque face bêtement épanouie, quelque museau de fouine ou de belette, il voyait un jeune et frais visage qui le remerciait en souriant. Grâce à l'excellence de l'imitation, il réunissait tous les suffrages. Dès qu'il avait achevé un portrait dans un château, il le soumettait sans crainte au jugement de la famille et des serviteurs, et la ressemblance était si frappante, que, depuis la gardeuse de dindons jusqu'au valet de chambre de M. le baron, tout le monde tombait en extase. Ce n'est pas tout ; il y avait dans sa conversation tant de saillies, tant de verve et d'entrain, que ses hôtes se résignaient difficilement à le laisser partir. En l'écoutant, la châtelaine oubliait la lecture du feuilleton de son journal, l'abbé avait des distractions au wishst, et M. le baron déclarait au précepteur de son fils qu'après les gentilshommes il n'y avait en France que les artistes qui eussent de l'esprit. Lorsque enfin, sourd à toutes les sollicitations, Frédéric se décidait à quitter la place, son feutre gris à larges bords, sa veste et son pantalon de velours à côtes, sa cravate nouée négligemment autour de son col rabattu, le sac militaire qu'il portait fièrement et auquel étaient attachés la boîte à couleurs, la pique, le parasol, le pliant à trois branches, excitaient un sentiment voisin de l'admiration ; maîtres et serviteurs se mettaient aux fenêtres, et tous les regards le suivaient jusqu'au détour du sentier. Bref, il spécula si heureusement sur la vanité, que vers la fin du mois d'août sa ceinture s'était arrondie, et qu'il put croire sa tâche accomplie.

Dans les premiers jours de septembre il arrivait chez sa mère.

— Tends ton tablier, dit-il à sa sœur qui se jetait à son cou.

Et, prenant sa ceinture pleine d'or, il la vida dans le tablier de la belle enfant. Je laisse à penser quelle ivresse! Quelques milliers d'écus, qui, pour une jeune fille élevée dans l'opulence, ne suffisent pas à l'achat d'une corbeille de mariage, représentent, pour une pauvre fille de province, les plus saintes joies de la famille.

Après avoir assisté au mariage de sa sœur, après avoir bien choyé sa vieille mère et gentiment installé le jeune ménage, Frédéric partit, comblé de bénédictions, emportant dans son cœur l'image attendrie du bonheur auquel il avait contribué. Sans parler de la mélancolie des adieux, cette heure ne fut pas exempte d'amertume. En comparant la joie qu'il avait eue sous les yeux avec la solitude qui l'attendait à Paris, il ne put se défendre d'un sentiment de tristesse. Le bonheur de sa sœur était sa plus douce récompense, et pourtant la conscience du devoir accompli ne l'empêchait pas de faire un retour sur lui-même ; il laissait derrière lui une affection mutuelle, des espérances mises en commun, et allait reprendre dans l'isolement un travail que nul sourire ne viendrait égayer.

Cette émotion ne tint pas contre les enchantements de la route. La saison était belle encore ; pour rentrer à Paris, Frédéric avait à traverser une des contrées les plus pittoresques de la France. A peine eut-il mis le pied dans l'ancienne province de la Marche, qu'il fut frappé du caractère silencieux et poétique des paysages qui se déroulaient devant lui. Il n'avait vu nulle part rivière si limpide, vallées si fraîches, horizons si variés. Les bois et les coteaux étaient parés de toutes les magnificences de l'automne ; les oiseaux chantaient dans la lande; la bergeronnette se balançait sur le bord des petits lacs perdus au milieu des ajoncs. Frédéric ne voulut pas quitter ce coin de terre sans emporter dans ses cartons un souvenir vivant des beautés agrestes qui s'offraient à ses yeux. Marchant à l'aventure, après avoir dessiné pendant tout le jour, il s'arrêtait le soir, tantôt dans une ferme, tantôt dans une auberge de village ; partout sa jeunesse et sa bonne grâce lui valaient l'accueil le plus bienveillant. Amoureux de l'art et de la nature, il trouvait à cette existence errante et solitaire un charme que tous les jeunes cœurs comprendront aisément, qu'ils envieront peut-être.

Un matin, séduit par la fraîcheur d'un sentier bordé de houx et de troënes, il avait quitté la grande route et s'était enfoncé bien avant dans les terres. Rien n'est doux, à vingt ans, comme d'aller ainsi, sans savoir où l'on va. Sur le coup de midi, il avait déjeuné, dans une métairie, d'une jatte de lait fumant ; aux derniers rayons du soleil couchant, il entrait affamé dans le petit village de Saint-Maurice. Situé au fond d'une vallée étroite, entouré de bois et de montagnes, ce village est un des plus charmants qui se mirent dans l'eau de la Creuse ; mais, à vrai dire, en ce moment Frédéric ne se souciait guère de la richesse du paysage. En débouchant sur la place de l'Église, il aperçut, doucement balancée au-dessus d'une porte par la brise du soir, une feuille de tôle, sur laquelle était peint en jaune un volatile, qui eût mis en défaut l'ornithologie tout entière, si l'auteur de ce joli morceau, pour ne laisser aucun doute sur ses intentions, n'eût pris soin d'écrire au-dessous de son œuvre ces mots : *A l'Aigle d'or.*

La vue de cette enseigne plongea notre héros dans le ravissement, mieux que ne l'eût fait en cet instant un tableau de vous, mon cher Gleyre. Il n'avait pas l'embarras du choix, l'*Aigle d'or* était la seule auberge du hameau. Cette auberge ne pouvait point passer pour un palais; cependant tout y était propre et avenant. Charme de la jeunesse heureuse et souriante! elle paraît, tout s'empresse autour d'elle. Frédéric était à peine entré, que déjà l'hôtesse et ses deux filles lui faisaient fête. Sans doute aussi, à l'élégance de sa taille, à la finesse de ses mains, à la blancheur de son cou, dont le grand air et le soleil n'avaient pu altérer l'ivoire, elles avaient compris sur-le-champ que ce n'était pas là un piéton ordinaire, un colporteur d'images pieuses, de chapelets et de missels. Pendant que l'une des jeunes filles l'aidait à se débarrasser de son sac, et que l'autre mettait la nappe et le couvert, la mère, l'œil à tout, partout en même temps, cassait des œufs, allumait les fourneaux et plumait un chapon. Frédéric s'attabla, fit honneur au festin, et trouva les mets exquis, à la grande satisfaction des trois femmes, qui ne se sentaient pas d'aise en voyant ce joli jeune homme manger d'un si vif appétit.

Le lendemain, il fut réveillé de bonne heure par le plus matinal et le plus gai des visiteurs : le soleil entrait à pleins rayons dans sa chambre. Frédéric sauta à bas de son lit et ouvrit sa fenêtre : la Creuse coulait à ses pieds sous un berceau d'aunes et de trembles, et se déroulait, comme un ruban d'argent, à travers la vallée ; au delà de la rivière, les toits de chaume, épars çà et là, fumaient dans la verdure ; à l'horizon, sur le plateau d'une colline, un gothique manoir perçait de ses tourelles le feuillage rouillé des chênes. La vie ne manquait pas à ce tableau rustique : l'*Angelus* tintait dans l'air frais du matin ; les merles saluaient le jour ; le moulin babillait sous les saules. C'était plus qu'il n'en fallait pour retenir notre jeune peintre. Au bout de quelques jours, il était l'ami de la maison. Il avait fait le portrait des deux filles de son hôtesse, et déjà son nom était populaire à Saint-Maurice. On accourait de plusieurs lieues à la ronde pour voir ces deux portraits ; les fermières des environs eussent mis volontiers leur croix en gage pour obtenir un pareil honneur. Prodigue de son talent, Frédéric fit quelques heureuses, et dès lors sa renommée n'eut plus de bornes. On ne parlait que de lui, on ne jurait que par lui ; il était le coq du village. La bonté de son cœur n'excitait pas moins d'enthousiasme que l'adresse de son crayon. Thomas l'Enrhumé était tombé à la conscription ; à la veille de partir, il avait offert à Frédéric trois bons écus sonnants pour pouvoir emporter avec sa feuille de route le portrait de sa bien-aimée. Frédéric avait fait le portrait et glissé le prix de son travail dans le sac du conscrit, en ajoutant une petite somme pour l'aider à noyer son chagrin. L'admiration était montée à un tel degré, que, s'il eût voulu se marier dans le pays, bien des larmes auraient été répandues. Pour mettre le comble à sa popularité, il distribuait de temps en temps quelques gros sous aux jeunes drôles qui jouaient sur la place de l'Église. Aussi, le matin, dès qu'il sortait, il voyait, rangée devant la porte de l'*Aigle d'or*, une double haie de clients, comme les patriciens de l'ancienne Rome. C'est à qui porterait son bagage. L'un s'emparait de la boîte à couleurs, l'autre de la pique, celui-là du pliant, connu chez les artistes sous le nom de *painchard* ; Frédéric donnait le signal du départ, et, suivi de ses pages, s'enfonçait dans la montagne. Un incident imprévu vint couronner sa gloire.

On touchait au 22 septembre, fête patronale du village. Le sonneur et le bedeau, qui cultivaient la bouteille plus que de raison, avaient négligé le soin de la bannière où le saint était représenté. Les rats, profitant de cette négligence, s'étaient régalés de la soie et de la laine qui exprimaient les traits du chef de la légion thébaine, si bien que saint Maurice tout entier y avait passé. Qu'on juge de la stupeur du bon curé en voyant la bannière dévastée, déchirée, tombant en loques ! qu'on tâche de se représenter la consternation du village ! Plus de procession, plus de fête ! Que deviendrait la moisson de l'année prochaine ? La bannière de saint Maurice mûrissait le blé noir, le seigle et le colza. La désolation était générale. Les gros bonnets du pays s'arrêtaient dans la rue pour s'entretenir de cette épouvantable catastrophe. Le sonneur et le bedeau n'osaient plus se montrer ; le curé et le maire traversaient la place d'un air effaré, et se concertaient sur les moyens d'aviser au dommage. A l'*Aigle d'or*, l'inquiétude était vive. L'hôtesse et ses deux filles se demandaient avec effroi ce qu'allait devenir le hameau, privé de son patron. Frédéric seul gardait un calme olympien. Le 22 septembre, au soleil levant, il frappait à la porte du presbytère, et présentait au curé un saint Maurice plein de grâce et de jeunesse, dans une attitude guerrière et victorieuse. Par une inspiration qui tenait vraiment du miracle, quoiqu'il n'eût jamais vu le modèle rongé par les rats, il avait deviné la pose, le costume et la ressemblance. Le bon curé, émerveillé, le pressa dans ses bras, comme un ange descendu du ciel. Je renonce à peindre l'émotion des fidèles, quand ils virent suspendue à la hampe, veuve depuis plusieurs semaines, l'image triomphante du glorieux martyr. La bannière parcourut les rues du village au milieu des acclamations de la foule ébahie. En retrouvant les traits du saint qu'ils croyaient perdu, les paysans poussaient des cris d'allégresse, et les femmes s'approchaient de Frédéric pour lui baiser les mains. Entre nous, le triomphe n'était pas pour saint Maurice, mais pour le peintre qui l'avait ressuscité.

Les jours heureux nous sont comptés d'une main avare. Si charmante qu'elle fût, cette existence ne pouvait se prolonger longtemps; si riantes que soient les étapes de la Bohême, un artiste qui a la conscience de sa propre valeur s'y repose un instant, il n'y séjourne pas.

L'hiver, toujours précoce dans les montagnes de la Creuse, commençait à se faire sentir. Les matinées étaient froides, et longues les soirées. La nature, quoique belle encore, frissonnait sous les premières piqûres de la brise d'octobre. Malgré l'ovation qui l'avait élevé au rang de demi-dieu, malgré les soins assidus dont il était l'objet à l'auberge de l'*Aigle d'or*, Frédéric pensait à partir : une rencontre inattendue ajourna son départ.

II

Avant de quitter Saint-Maurice, il voulait visiter une fois encore les sites qu'il aimait; il voulait revoir surtout le château dont les tours crénelées dominaient le vallon, et qu'il découvrait de la fenêtre de sa chambre, à travers le feuillage éclairci. C'était, je l'ai déjà dit, un gothique manoir, perché sur le plateau d'une colline, dans la partie la plus pittoresque et la plus sauvage du pays. On y arrivait par des sentiers étroits, bordés de genévriers, creusés par la ravine, et que les chèvres seules gravissaient d'un pied sûr. Le jeune peintre en avait fait le but accoutumé de ses promenades et de ses rêveries. A la solitude qui régnait autour de cette demeure féodale, il avait pu d'abord la croire inhabitée. Un soir, pourtant, il avait vu les croisées éclairées, et deux ombres sveltes se dessiner sur la mousseline des rideaux ; il avait entendu un chant de femme qui s'accompagnait au piano, et dont la voix grave s'élevait tristement dans le silence de la nuit. Quels hôtes vivaient entre ces murs ? Frédéric, en garçon d'esprit, s'était bien gardé de s'en informer; il eût craint de voir s'envoler, au souffle de la réalité, les poétiques images dont il se plaisait à peupler cet asile.

La veille du jour fixé pour son départ, il avait profité d'une de ces tièdes après-midi qui sont les adieux du soleil, pour faire un dernier pèlerinage au vieux manoir. Comme il arrivait au pied du plateau, il aperçut un groupe qui attira vivement son attention.

Sur la mousse d'un tertre incliné, une jeune fille était assise entre un vieillard à cheveux blancs et une femme encore jeune et belle, qui la surveillaient d'un regard inquiet. En s'approchant, Frédéric fut moins frappé de sa rare beauté que de son air étrange. Affaissée sur elle-même, elle paraissait vivre dans un monde qui n'était pas le monde des vivants. Son œil ouvert, immobile, ne se portait pas sur les objets placés devant elle; toute sa physionomie indiquait que sa pensée voyageait ailleurs. Le visage de la jeune femme qui la couvait des yeux respirait une anxiété profonde, une tendresse passionnée. Les traits du vieillard exprimaient une affection plus calme et mêlée de curiosité. Il semblait épier le réveil de l'intelligence dans cette âme attirée par un monde supérieur. Frédéric passa devant elle en se découvrant et n'osa pas s'arrêter. Il y avait, en effet, dans cette muette extase, quelque chose de mystérieux qui commandait la discrétion. Éclairé par un sentiment de pudeur, il sentait qu'il ne pouvait contempler cette douleur inconnue sans la profaner. Il s'éloigna d'un pas rapide.

Le soir venu, assis sous le manteau de la

cheminée de l'*Aigle d'or*, devant une flambée de fagots, il ne put s'empêcher de questionner l'hôtesse qui filait sa quenouillle, tandis que Toinette et Fanchon, ses deux filles, tricotaient des bas pour le dernier marmot. La bonne femme n'avait pas, comme on dit, la langue dans sa poche ; elle s'empressa de répondre aux questions du jeune étranger. Le château situé sur la colline appartenait à la famille de Montsabrey. M. de Montsabrey était mort depuis plusieurs années. Les trois personnes que Frédéric avait aperçues assises sur un tertre, à une portée de fusil du manoir, ne pouvaient être que madame de Montsabrey, sa fille, et le médecin de la famille, le docteur Vincent, frère du curé de Saint-Maurice.

— Ainsi, demanda Frédéric, dont la curiosité était loin d'être satisfaite, la jeune fille que j'ai vue tantôt est mademoiselle de Montsabrey ?

— Oui, monsieur, c'est la pauvre innocente.

A ces mots, les trois femmes firent le signe

de la croix ; Frédéric les regardait d'un air étonné.

— C'est sous ce nom, ajouta l'hôtesse, que mademoiselle de Montsabrey est connue dans le pays.

— Pourquoi ?

— Pourquoi, mon bon monsieur ? On raconte, à ce propos, bien des histoires ; mais qui sait le fin fond des choses ? Hormis le docteur et le curé de notre village, personne ici ne peut se vanter de connaître le secret du château. Quand on en parle au docteur, il s'en va en branlant la tête, et quand on s'adresse au curé, il répond :

— Priez pour l'enfant.

— Et que dit-on dans le pays ?

— On dit, mon bon monsieur, que la pauvre Lucile est charmée ; qu'une fée, le jour de sa naissance, lui a jeté un sort. On a dit, dans le temps, que madame de Montsabrey n'était venue s'établir au château, abandonné depuis plus de vingt ans, que pour y cacher sa fille et ne la laisser voir à personne. Lucile n'était alors qu'un enfant, mais un enfant qui ne faisait rien comme les enfants de son âge. On avait beau la surveiller, il ne se passait guère de semaine sans qu'elle s'échappât du logis. Plus d'une fois, Toinette et Fanchon l'ont trouvée assise dans la lande ou au fond des bois, accompagnée seulement d'un gros chien que vous avez dû voir aujourd'hui couché à ses pieds.

— Oui, dit Frédéric, un chien des Pyrénées.

— Une bien bonne bête, et point sotte, allez, dit Fanchon. Il ne la quittait pas ; il veillait sur elle, et quand c'était l'heure de rentrer, il la tirait par sa robe pour la décider à se lever, courait devant elle pour lui montrer le chemin, et revenait près d'elle pour s'assurer qu'elle le suivait.

— Et que faisait Lucile, à quoi s'occupait-elle, quand vous la trouviez assise au fond des bois ?

— Dame ! monsieur, je ne sais trop ; elle caressait son chien, mêlait à ses cheveux des brins de bruyère en fleurs, ou regardait dans le ciel, comme pour y chercher quelque chose.

— Vous et votre sœur, vous étiez alors deux enfants comme elle : n'avez-vous jamais tenté de lui parler ?

— Une seule fois, répondit Toinette. J'étais allée m'asseoir auprès d'elle ; je voulais lui offrir un bouquet de bluets que j'avais cueillis dans les seigles ; mais ses deux grands yeux se tournèrent vers moi d'une si drôle de façon, que je pris mes jambes à mon cou, et me sauvai en emmenant ma sœur par la main.

— Pauvre chère âme ! reprit l'hôtesse, elle n'a jamais fait de mal à personne... Belle comme un ange, douce comme un agneau ! Maintenant c'est une grande demoiselle ; mais on assure que le sort jeté sur elle dure encore, et que, depuis qu'elle est au monde, elle n'a jamais parlé comme une chrétienne. Notre curé a commandé pour elle bien des neuvaines, fait brûler bien des cierges devant la châsse de saint Maurice; le docteur Vincent la soigne comme si elle était sa fille; la science et la prière, rien n'y peut. Croiriez-vous, monsieur, que depuis dix ans qu'elle vit retirée dans nos montagnes, madame de Montsabrey ne s'est pas montrée une seule fois au village, pas même à l'église? Et pourtant elle est pieuse; notre curé va, une fois la semaine, dire la messe à la chapelle du château. Quand on parle de Lucile aux serviteurs venus pour la provision, ils ne répondent pas, ou vous prient poliment de vous mêler de vos affaires. Je vous le demande, mon bon monsieur, tout cela est-il naturel?

— Sans compter, monsieur, qu'on entend la nuit d'étranges bruits là-haut, dit Toinette à voix basse et d'un air mystérieux; de la musique, des chants, des soupirs, des sanglots, puis un grand cri, et tout se tait.

Ici, les trois femmes se regardèrent avec stupeur et firent de nouveau le signe de la croix.

— Depuis quelques jours, reprit l'hôtesse, on dit que la pauvre innocente dépérit, qu'elle pâlit et maigrit à vue d'œil, et tout le monde s'en chagrine.

— Sa mère est si bonne ! ajouta Fanchon ; elle fait tant de bien dans le pays !

— Les pauvres ne la voient pas, mais la bénissent, dit Toinette.

— Depuis qu'elle est ici, dit l'hôtesse, il n'y a plus de malheureux. Elle est comme le bon Dieu, qu'on n'aperçoit jamais, et qui, chaque année, fait mûrir nos moissons.

Le reste de la soirée, il ne fut question, à l'*Aigle d'or*, que du château de Montsabrey. L'hôtesse, qui ne demandait qu'à parler, débita sur Lucile tous les contes qui couraient la contrée ; elle y mit tant de clarté, de netteté et de précision, que Frédéric, à la fin de la veillée, n'en savait pas plus qu'au début. Toutefois ces révélations confuses avaient réussi à surexciter l'imagination du jeune artiste. Le lendemain, au lieu de partir comme il en avait l'intention la veille, Frédéric déclara qu'il passerait à Saint-Maurice les derniers beaux jours de la saison. Il n'obéissait pas seulement à l'instinct de la curiosité ; la pâle figure de Lucile, sa taille frêle à demi brisée, l'air de souffrance répandu sur ses traits, sans doute aussi sa beauté, sa jeunesse, avaient éveillé en lui un mystérieux intérêt qu'il ne s'expliquait pas et qui eût suffi pour le retenir quelque temps encore.

III

Dès lors il dirigea toutes ses excursions vers le plateau de la colline. Il entrevit quelquefois Lucile ; chaque fois qu'il la rencontra, il trouva plus de pâleur sur ses joues, dans son regard quelque chose de plus égaré. Un jour il l'aperçut se promenant à pas lents sur la terrasse du château. Appuyée sur le bras de sa mère, tête nue, les cheveux au vent, elle suivait des yeux un bataillon d'oiseaux émigrants qui filaient sous un ciel gris d'automne, et un sourire errait sur ses lèvres décolorées, comme si elle se fût sentie prête, elle aussi, à s'envoler vers une autre patrie. Frédéric rentra au village, l'esprit frappé de pénibles pressentiments. A partir de ce jour, il rôda vainement autour du manoir silencieux, il ne rencontra plus Lucile. Le dimanche suivant, au prône, le curé, d'une voix émue, recommandait aux prières des fidèles mademoiselle de Montsabrey.

Avant de venir à Saint-Maurice, où l'avait conduit le hasard, Frédéric ne soupçonnait pas même l'existence de la famille de Montsabrey ; il n'avait fait qu'entrevoir Lucile et sa mère ; jamais il n'avait entendu le son de leur voix. Entre elles et lui, artiste de passage, aucune intimité ne pouvait s'établir ; les portes du château ne s'ouvriraient jamais pour le laisser passer. En admettant que Lucile vécût, il ne serait jamais qu'un étranger pour elle. D'où vient donc qu'à la nouvelle d'un danger sérieux qui la menaçait, il pâlit et son cœur se serra comme s'il se fût agi de sa sœur ? Il avait fait de cette étrange créature la préoccupation de toutes ses heures ; il l'avait mêlée, par la pensée, à sa vie tout entière, et il lui semblait qu'en mourant elle en emporterait quelque chose.

Après la sortie de la messe, Frédéric alla droit à la cure, où, depuis la fête de saint Maurice, il avait, comme on peut le croire, ses grandes et petites entrées. Il voulait interroger discrètement le curé sur la nature du mal qui consumait la jeune châtelaine ; mais, dès les premiers mots, le pasteur lui ferma la bouche en disant :

— Mon cher enfant, c'est le secret de Dieu.

Frédéric n'insista pas. Comme il se préparait à prendre congé, le docteur Vincent entrait au presbytère. C'était un doux vieillard, au regard triste et pénétrant, à l'air intelligent et bon. Il habitait près de Saint-Maurice où, depuis vingt-cinq ans, il soignait les corps comme son frère soignait les âmes. Il suffisait de le voir pour comprendre aussitôt qu'il n'était pas à sa place dans ce pauvre hameau.

— Mon frère, dit le pasteur en lui présentant Frédéric, voici le brave jeune homme qui nous a rendu l'image de notre saint patron.

Le docteur Vincent avait déjà entendu parler de notre héros, de son talent, de son excellent cœur, et du service signalé qu'il avait rendu à l'église. Il lui prit les mains avec effusion, et, malgré la différence de leurs âges, Frédéric se sentit tout d'abord attiré par la douceur de sa voix et la simplicité de ses manières. En moins d'une heure ils s'étaient pris d'affection l'un pour l'autre. Si l'un réunissait en lui toutes les grâces de la jeunesse, l'autre possédait l'indulgence et la bonté qui sont les grâces du vieillard. Près de se retirer, le docteur, avec une familiarité pleine de bonhomie, s'empara du bras de Frédéric, et tous deux sortirent en causant comme deux amis.

La journée était belle. Ils cheminaient de compagnie le long du sentier creux, bordé de genévriers. Le docteur s'informait de Paris qu'il avait longtemps habité, de la littérature et des arts qu'il n'avait pas cessé d'aimer, et dont il parlait avec une sûreté de goût, avec une élévation de pensée, qui se rencontrent rarement chez un médecin de village. Il paraissait heureux d'oublier un instant, auprès du jeune artiste, les soucis de son ministère; depuis vingt-cinq ans qu'il vivait dans ces campagnes, c'était sans doute la première fois qu'il jouissait d'une pareille aubaine. De son côté, Frédéric, dont la curiosité n'était pas endormie, se réjouissait en songeant qu'il était enfin à la source de la vérité, et qu'il allait peut-être éclaircir le mystère qui l'obsédait.

A quelque distance du château, sur le penchant de la colline, le docteur s'arrêta devant la grille d'un jardin au fond duquel était enfouie une maison de modeste apparence; il invita Frédéric à venir se reposer dans son petit logis. C'était le nid d'un philosophe ou d'un poëte. Tout y respirait le silence et la paix. Tapissée de rosiers, de clématite et de chèvrefeuille, la maison ne manquait pas, à l'intérieur, de cette élégance qui vient du cœur et dont les objets les plus simples s'imprègnent comme d'un doux parfum, s'éclairent comme d'un doux reflet. Certains détails de l'ameublement révélaient des goûts et des habitudes qu'on pouvait être surpris de trouver à cent lieues de Paris, dans les montagnes de la Creuse. Les murs du salon, qui servait à la fois de cabinet de travail et de bibliothèque, étaient tendus d'étoffe de Perse, qui égayait ce réduit un peu sombre. Çà et là, le long de la tenture, des rayons mobiles étaient chargés de cristaux, de minéraux, de plantes desséchées, de livres parmi lesquels Frédéric devait reconnaitre tous les amis de sa jeunesse. Les fenêtres s'ouvraient sur des massifs de dahlias, sur des touffes d'asters et de chrysanthèmes. Ce fut dans cette pièce que le docteur introduisit d'abord le jeune homme étonné. Au bout de quelques instants, une bonne femme, qui cumulait chez son maître les fonctions d'intendant, de cordon-bleu et de majordome, apporta sur un plateau des fruits cueillis dans le verger, des galettes de blé noir qu'elle avait pétries elle-même, un flacon de vieux vin qu'elle était allée chercher dans le meilleur coin du cellier.

— Mon jeune ami, dit le docteur Vincent, c'est une pauvre hospitalité ; croyez pourtant que votre présence ici est une bonne fortune dont je sens tout le prix. Jeune, j'aimais les arts ; ils ont été longtemps le charme de ma vie. Depuis que je vous sais à Saint-Maurice, j'ai été tenté plus d'une fois d'aller au-devant de vous, de vous attirer dans mon ermitage. Je l'ai voulu, je ne l'ai pas pu. Tant de douleurs m'appellent, tant de soins me réclament ! ajouta-t-il avec mélancolie.

Ces derniers mots entr'ouvraient la porte par où la curiosité de Frédéric allait enfin pouvoir se glisser. On lui faisait la partie trop belle pour qu'il n'en profitât pas sur-le-champ. Après avoir remercié son hôte, après avoir exprimé un regret sincère de ne l'avoir pas rencontré plus tôt, il en vint naturellement, sans détour, à parler de madame de Montsabrey et de sa fille, qu'il avait aperçues, quelques jours auparavant, assises sur la mousse d'un tertre, en compagnie du bon docteur.

— Je vous ai bien vu, répondit le vieillard. Quand vous êtes passé près de nous, j'ai deviné le sentiment de discrétion auquel vous obéissiez en vous éloignant, et, quoique je vous visse pour la première fois, dès cet instant, mon jeune ami, vous avez gagné mon cœur.

La conversation ainsi engagée, Frédéric, pour arriver à son but, n'avait plus qu'à suivre le courant. Il rendit avec des couleurs si vives et si poétiques l'effet qu'avait produit sur lui la figure de Lucile, il exprima si naïvement la sympathie que lui inspiraient cette jeune fille et sa mère, il y eut dans toutes ses questions tant de réserve, d'intérêt affectueux et d'exquise délicatesse, que le docteur Vincent ne put faire autrement que d'en être touché. Le jour tombait, déjà le soleil avait disparu derrière les tours du vieux château. Le docteur retint le jeune peintre, et le soir, après dîner, disposé aux épanchements, heureux d'avoir près de lui un auditeur capable de le comprendre, il se décida à raconter ce qu'il savait.

La lune montrait sa face ronde à travers les arbres à demi dépouillés du jardin ; une bise aigre sifflait autour de la maison ; l'ormeau flambait au fond de l'âtre, et Frédéric, accoudé sur le bras du fauteuil dans lequel il était assis, prêtait une oreille attentive.

IV

— Vous avez vu madame de Montsabrey assise auprès de sa fille ; vous l'avez vue belle encore, malgré la douleur qui l'accable et les rides précoces imprimées sur son front ; mais vous ne pouvez vous figurer l'éclat de sa jeunesse, quelques mois après son mariage. Unique héritière d'une des grandes familles de la Marche, elle justifiait par les plus aimables qualités de l'âme les faveurs que le Ciel s'était plu a répandre sur son berceau. Elle était si bonne que les femmes lui pardonnaient sa beauté ; si bienfaisante, que l'envie elle-même n'osait s'attaquer à son opulence. A dix-huit ans, elle avait épousé un gentilhomme jeune et beau comme elle, et s'il est vrai de dire que jamais destinée ne fut, à son début, plus heureuse ici-bas, il est juste d'ajouter que jamais bonheur ne fut plus mérité. Elle menait à Paris une existence pleine d'enchantements. Tout lui souriait ; elle n'était pas encore mère, mais elle allait le devenir, et déjà, devant cette joie suprême, toutes les autres joies s'effaçaient.

Un matin, on rapporta chez elle son mari sanglant, blessé mortellement en duel. Au bout de trois jours, il expirait dans ses bras. La blessure était si grave qu'il n'avait pu reprendre ses sens ; on ignore encore aujourd'hui la cause et les détails de cette querelle fatale. Six semaines après, madame de Montsabrey donnait le jour à une fille qui promettait d'être belle comme elle. A mesure qu'elle grandissait, elle enchantait tous les regards ; chacun de ses mouvements était empreint d'une grâce adorable. Penchée avec amour sur cette fleur vivante, éclose sur un tombeau, madame de Montsabrey remerciait Dieu dans son désespoir, et l'orgueil maternel essuyait les larmes de la veuve éplorée.

Cependant on commençait à remarquer dans les yeux de Lucile quelque chose de singulier. Quand vint l'âge où l'intelligence s'éveille, où s'échappent des lèvres les premiers bégaiements qui étonnent la mère enivrée, l'intelligence de l'enfant parut frappée d'un sommeil obstiné ; ses lèvres demeuraient muettes et ne répondaient aux baisers que par un sourire immobile. Plus tard, lorsqu'on eut réussi à lui faire balbutier quelques paroles, son langage enfantin ne paraissait pas appartenir au monde où nous vivons. Il y avait dans ses exclamations soudaines, entrecoupées, je ne sais quoi de surnaturel et d'extatique, un effroi que n'apaisaient pas les plus vives tendresses. Il n'était plus permis d'en douter, le fruit des entrailles maternelles avait reçu le contre-coup de cette existence dénouée si tragiquement ; l'intelligence, prête à s'éveiller, avait été frappée de stupeur et de léthargie. Les médecins avaient refusé de se prononcer avant que Lucile eût atteint sa sixième année ; Lucile avait six ans, et son esprit ne prenait aucune part à la vie commune. Quand sa mère la serrait sur son sein, en la couvrant de pleurs et de caresses, l'enfant la regardait d'un œil distrait, comme si son cœur eût été occupé ailleurs. Elle ne recherchait aucun des plaisirs de son âge, n'avait goût qu'à la solitude, et passait des journées entières plongée dans une rêverie silencieuse, qu'on essayait vainement de troubler. Les médecins, consultés de nouveau, déclarèrent sans hésiter que Lucile était idiote. Foudroyée par cet arrêt terrible, madame de Montsabrey s'était prise pour sa fille de cette passion ardente et sauvage que ressentent les mères pour leurs enfants infirmes. Résolue de lui tenir lieu du monde entier, elle quitta Paris brusquement, pour venir cacher sa honte et son malheur dans le château de Montsabrey.

Il y avait quinze ans que j'habitais ce pays, lorsqu'elle vint s'y ensevelir. J'avais connu son mari ; M. de Montsabrey venait tous les ans, avec son frère et quelques amis, passer un mois d'automne dans ce château abandonné, qui n'était plus qu'un rendez-vous de chasse. Je connaissais aussi madame de Montsabrey ; je l'avais vue dans tout l'éclat de son bonheur, peu de jours après son mariage ; avant de se rendre à Paris, le mari, enivré, avait voulu montrer sa jeune épouse à l'antique demeure de ses aïeux. Je devais la revoir, quelques années plus tard, pâle, amaigrie, ployée par la douleur, belle encore dans son deuil austère.

J'avais été averti de son arrivée ; tout était prêt pour la recevoir. Les moindres détails de cette scène navrante sont encore présents à ma mémoire. Je la vois descendre de la chaise de poste, prendre sa fille dans ses bras, franchir d'un pas rapide les marches du perron, et s'enfuir avec son douloureux trésor, comme pour le cacher à tous les yeux. Mon frère était près de moi. Le soir même, nous commencions la tâche commune que nous avons poursuivie sans relâche : mon frère consolait la douleur de la mère, et moi j'étudiais le mal de l'enfant. Je m'étais senti saisi d'un respect religieux pour l'infortune de madame de Montsabrey, d'une affection paternelle pour sa fille ; je devins leur hôte assidu. Durant les premières années de leur séjour au château, aucun signe ne permettait d'espérer, même dans un avenir lointain, la guérison de Lucile. Chaque matin, je retrouvais la mère dans son affliction, l'enfant dans son immobilité. Je commençais à croire que la science avait dit vrai ; je n'espérais plus voir la Providence lui donner un démenti. Lucile grandissait, et, chose étrange, tandis que son esprit restait plongé dans une nuit profonde, sa beauté brillait chaque jour d'un plus vif éclat. Il y avait dans ce contraste, comme une raillerie amère, comme une sanglante ironie du sort. Lorsqu'elle atteignit sa douzième année, je repris confiance et courage. A mesure que sa jeunesse s'épanouissait, son âme semblait en proie à une sourde agitation. Il était facile de pressentir une crise qui devait tôt ou tard décider de sa destinée. Évidemment la science avait prononcé un arrêt trop sévère : son intelligence n'était pas avortée, mais garrottée ; la pensée vivait en elle, mais ne trouvait pas d'issue. Le murmure du vent, les harmonies du soir, le fracas de la Creuse se révoltant contre ses barrages, exerçaient de mystérieuses influences sur cette organisation délicate. Quand madame de Montsabrey se mettait au piano et chantait, Lucile paraissait s'enfoncer plus avant dans sa rêverie ; puis, au bout de quelques instants, des larmes abondantes s'échappaient de ses yeux et coulaient sans bruit le long de ses joues. Un trouble profond se peignait sur son visage ; à chaque minute, je m'attendais à voir la vie faire enfin explosion. Tout en chantant, madame de Montsabrey regardait dans la glace l'image de sa fille en pleurs ; moi, je l'épiais d'un œil inquiet. Son sein se soulevait, son cœur bondissait dans sa poitrine, comme s'il voulait briser sa prison ; sa bouche frémissait comme prête à parler ; mais au moment où tout présageait un dénoûment miraculeux, elle poussait un cri déchirant et tombait dans mes bras comme un oiseau blessé. Je n'essayerai pas, mon jeune ami, de vous raconter les scènes cruelles auxquelles j'ai assisté. La tendresse de la mère s'était exaltée jusqu'à la rage ; ses caresses impuissantes avaient pris un caractère farouche. J'ai vu madame de Montsabrey, à genoux devant sa fille, couvrant ses mains de baisers convulsifs, lui disant d'une voix éperdue :

— Entends-moi ! parle-moi ! réponds-moi !

Lucile passait les doigts dans les cheveux de sa mère, et ne répondait que par un regard étonné, ou par des larmes silencieuses.

Depuis quatre ans, ces épreuves terribles se renouvellent presque chaque jour. Et pourtant on ne vit jamais folie plus douce, plus tranquille. Lucile aime et comprend la nature.

Elle a l'instinct et le goût de la parure. Son occupation favorite est de jouer avec les fleurs dont elle est toujours entourée. Elle les regarde parfois avec une ineffable expression de tristesse, et semble leur dire :

— Je suis belle et animée comme vous.

Elle se plaît surtout dans la contemplation des nuits étoilées : c'est une âme qui aspire à remonter vers le ciel. Dans ses entrevues avec elle, mon frère a recueilli des paroles inattendues, qui ont ranimé mes espérances. A douze ans, elle comprenait déjà les promesses de la religion avec une vivacité qui n'est pas commune à cet âge. Elle a, sur le monde supérieur que nous ne voyons pas, des idées que les livres n'ont jamais enseignées, et qui ne peuvent s'expliquer que par des inspirations surnaturelles. Malheureusement ces lueurs pâlissent et s'évanouissent bientôt. Que vous dirai-je? Douce et bonne, reconnaissante et attendrie, ses pleurs fréquents ne nous permettent pas d'en douter, la pauvre créature ne sait rien exprimer de ce qu'elle sent ; elle est, entre nos mains, comme un instrument mélodieux dont l'orage aurait brisé les cordes, et dont nous avons jusqu'ici cherché vainement à ressusciter la voix. Cependant la crise que j'ai prévue se prépare. Lucile a seize ans ; les symptômes s'accumulent, son dépérissement même est un présage qui ne saurait tromper : son âme s'agite et se débat pour rompre ses liens... La lutte est engagée : comment se terminera-t-elle ? Mon jeune ami, c'est là que nous en sommes. J'ai écrit ce matin au beau-frère de madame de Montsabrey. Grave, affectueux, dévoué, plein de respect pour sa sœur, il vient, tous les hivers, passer un mois auprès d'elle. J'ai hâte qu'il soit ici, car la crise est prochaine elle est inévitable ; elle peut sauver Lucile, mais elle peut la tuer ; et, si Lucile meurt, que deviendra sa mère ?

V

Vivement ému par les paroles qu'il venait d'entendre, Frédéric s'abstint de toute réflexion et resta plongé dans une méditation muette.

— Mon ami, dit-il enfin (permettez-moi de vous nommer ainsi, bien que je vous parle aujourd'hui pour la première fois), espérons que le Ciel bénira votre tâche et celle de votre frère ; espérons en Dieu, qui donne la rosée aux plantes, le parfum aux fleurs, la séve aux rameaux.

— Oui, mon enfant, répondit le vieillard, espérons en Dieu, en Dieu seul ; car, quoi qu'en disent les savants, la science ne fait pas de miracles.

Ils restèrent longtemps au coin du feu, causant et devisant ; Frédéric en vint à demander au docteur comment il avait été amené à Saint-Maurice.

— Mon Dieu, dit le docteur, la chose est toute simple et peut se raconter en deux mots. Ma jeunesse s'est écoulée tout entière à Paris. A force de travail et de persévérance, j'avais conquis ma place au soleil. Mon nom n'était plus inconnu ; déjà mes flatteurs, qui n'en a pas au moins deux ou trois ? me promettaient la renommée et la richesse, quand, tout à coup, ma vie fut brisée par un de ces orages qui frappent et consument comme le feu du ciel. J'avais besoin de quelques jours de silence et de solitude : je partis, j'allai me réfugier près de mon frère, qui, entraîné par une vocation fervente, était entré de bonne heure dans les ordres, et occupait depuis dix-huit mois la cure de Saint-Maurice. Vous connaissez mon frère, mais vous ne pouvez pas savoir ce qu'il cache de pieux trésors sous la modestie de son enveloppe ; c'est la candeur d'un enfant unie au dévouement d'un apôtre. La sérénité de cette âme évangélique devait passer insensiblement dans mon cœur. En l'écoutant, je sentis se réveiller en moi les croyances et la foi de mes jeunes années ; en le voyant agir, je compris qu'il y a place pour les vertus les plus élevées dans les plus humbles conditions. Je ne saurais dire comment cela se fit, j'en arrivai à prendre en pitié le monde, ses joies et ses douleurs. Mon frère s'était voué tout entier au soin du troupeau confié à sa garde ; son unique ambition était qu'on l'oubliât dans cette pauvre cure, la plus pauvre de tout le diocèse ; je résolus de compléter son œuvre en m'y associant. Il n'y avait pas de médecin dans la commune. De Saint-Maurice à la ville la plus prochaine, on compte six grandes lieues. Pendant l'hiver les sentiers sont impraticables. Ajoutez que, dans nos campagnes, l'usage est de n'envoyer quérir le médecin qu'à la dernière extrémité, si bien que, lorsqu'il se présente, la mort, qui a pris les devants, est déjà assise au chevet. Mon patrimoine, joint à la petite fortune que j'avais amassée, me permettait de vivre ici tranquille. J'achetai cette maison, où j'ai vieilli doucement, loin du monde, qui ne mérite pas un regret. J'aide mon frère, je fais un peu de bien ; j'ai l'espoir que ma vie n'aura pas été tout à fait inutile.

Par un mouvement de vive sympathie, Frédéric saisit la main du docteur Vincent et la pressa avec respect.

La soirée était avancée. Le docteur tira sa montre et se leva brusquement pour se rendre au château. Frédéric l'accompagna jusqu'à la porte, et revint lentement à Saint-Maurice, en rêvant au sort de Lucile.

VI

Les jours suivaient les jours : Frédéric ne partait pas. Que pouvait-il pour mademoiselle de Montsabrey ? Toute sa volonté devait échouer contre une puissance inconnue ; et pourtant il demeurait. Sans avoir aucun rôle à jouer dans le dénoûment de cette destinée, il ne voulait pas quitter le pays, il voulait assister à la solution de cette énigme. Le docteur Vincent et son frère ne quittaient plus le château. Des bruits sinistres circulaient dans le pays. A l'*Aigle d'or*, il n'était question que de Lucile. Les paysans avaient pour elle une sorte de vénération superstitieuse. Ce qui les préoccupait, ce n'était pas seulement sa jeunesse, sa beauté, sa souffrance; c'était encore et surtout la nature mystérieuse de sa douleur. Ils la regardaient comme un être prédestiné, en communication directe avec Dieu ; sa mort leur eût semblé une calamité pour le hameau, sa guérison un bonheur public. Ils voyaient, dans ce que la science appelait la léthargie de sa raison, une raison supérieure et plus vive, une intelligence plus clairvoyante, quoique muette; ils sentaient que Lucile n'était pas de ce monde, et que le jour où sa langue se délierait, elle serait, non pas la sœur, mais la reine de tous ceux dont la langue était depuis longtemps déliée. Ainsi, tout s'assombrissait autour de notre héros. Ce village, où il était entré si dispos, où il avait vécu si joyeux, où tout avait semblé lui sourire, se couvrait de voiles funèbres. La pluie attristait le paysage ; les corbeaux s'abattaient dans la plaine ; la bise emportait les dernières feuilles des arbres ; enfin la mort planait sur la colline, et l'ombre de ses ailes s'étendait jusque sur le vallon. Et pourtant Frédéric ne partait pas. Plus de soleil, plus de joies, plus de fêtes ; et pourtant il s'obstinait à ne pas quitter Saint-Maurice.

Un soir, il était assis sous le manteau de la cheminée, en compagnie de l'hôtesse, de ses deux filles et de quelques notables de l'endroit. L'attitude et la physionomie de ces braves gens témoignaient qu'ils n'étaient pas là pour fêter la dive bouteille. Tous les visages étaient empreints d'une morne tristesse. La cloche de l'église avait sonné pendant tout le jour le glas de l'agonie; dans l'après-midi, on avait vu passer le curé portant le saint viatique et se dirigeant vers le château de Montsabrey. Abîmé dans sa rêverie, Frédéric remuait machinalement la braise du foyer avec un de ces longs tubes de fer qui, dans les campagnes de la Marche, servent à la fois de pincettes et de soufflet. Il ne prêtait qu'une attention distraite aux propos qui se tenaient autour de lui, et méditait silencieusement sur l'étrange destinée qu'en cet instant la mort dénouait peut-être. Tout à coup, on entendit le galop de deux chevaux, qui s'arrêtèrent devant l'*Aigle d'or*, et presque en même temps on vit entrer un serviteur qui portait la livrée du château. Fidèle aux habitudes de réserve et de discrétion qu'avaient contractées, depuis dix ans, tous les domestiques de madame de Montsabrey, celui-ci ne répondit pas aux questions qui l'assaillirent.

— Monsieur Frédéric Lambert? demanda-t-il d'une voix brève.

—C'est moi, dit le jeune peintre en se levant.

Le messager tira de sa poche un papier sans enveloppe, et le remit à Frédéric, qui lut ces mots tracés à la hâte, d'une main tremblante :

« Lucile n'est plus. Venez dessiner son portrait ; c'est sa mère qui vous en prie.

» VINCENT. »

Frédéric monta dans sa chambre, prit son carton et descendit précipitamment. Les deux chevaux attendaient à la porte : il sauta en selle et partit.

La nuit était sombre, sans lune et sans étoiles. Après une heure de course rapide, les chevaux s'arrêtèrent au pied du château. Quand Frédéric franchit le seuil, la cour était remplie de confusion. Les serviteurs, comme des ombres effarées, allaient, venaient, se croisaient en tous sens. Une chaise de poste, attelée de quatre chevaux, les postillons en selle, se tenait prête à partir. Un étranger, à la physionomie grave et triste, s'entretenait avec le docteur : c'était le beau-frère de madame de Montsabrey, arrivé depuis quelques heures seulement.

— Profitez de son évanouissement, disait le docteur, emmenez-la sans tarder, avant qu'elle reprenne connaissance Si elle revoit sa fille morte, je ne réponds pas de sa vie.

Quelques minutes après, M. de Montsabrey déposait sur les coussins de la chaise de poste sa belle-sœur évanouie. Il prit place auprès d'elle, et la voiture partit au galop.

Épuisé par tant d'émotions, le docteur s'appuya sur le bras de Frédéric, gravit avec lui les degrés du perron et l'introduisit dans la chambre où Lucile venait de s'endormir de son dernier sommeil.

— Ma tâche est finie, la vôtre commence, dit-il.

Et, après avoir jeté un regard désolé sur l'enfant qu'il n'avait pu sauver, il se retira à pas lents.

La chambre n'était éclairée que par deux cierges qui brûlaient au chevet, près d'un crucifix et d'une coupe d'eau bénite où trempait un rameau de buis. Le curé, agenouillé dans l'embrasure d'une fenêtre, récitait à voix basse la prière des morts. La jeune fille, vêtue de blanc, couronnée de roses blanches, était étendue sur son lit, plus belle encore qu'elle ne l'avait été dans la vie, belle d'une beauté divine. La mort avait amené sur ces lèvres immobiles un sourire angélique ; on eût dit que l'âme, en s'envolant, avait laissé sur ce pâle visage un céleste reflet.

Frédéric sentit son cœur saisi d'une angoisse inexprimable. Il s'agenouilla et pria. Puis il prit son carton, et se mit en devoir de satisfaire au dernier vœu de madame de Montsabrey ; mais, à peine arrivé à la moitié de sa tâche, il fut forcé de s'arrêter : le crayon tremblait dans ses doigts, une sueur glacée inondait ses tempes. Comme tous ceux qui veillent auprès des morts, il était en proie à des hallucinations étranges. Il croyait voir Lucile soulever ses paupières, entr'ouvrir ses lèvres, étendre la main ; il épiait avec inquiétude ce qu'il prenait pour ses mouvements, et prêtait une oreille avide comme si elle allait parler. Le vent qui s'engouffrait dans les corridors, le cri des orfraies, le chien qui hurlait et grattait à la porte de sa maîtresse, ajoutaient encore à l'effet de cette scène lugubre. Pour se rassurer, pour reprendre courage, Frédéric se retournait de temps en temps vers le curé toujours agenouilllé, toujours priant : l'aspect du pieux vieillard renouvelait ses forces. Cependant il vint un instant où, n'en pouvant plus, Frédéric se leva, comme pour échapper au vertige de ses pensées. Il ouvrit une fenêtre, fit quelques pas sur le balcon ; l'air froid de la nuit le calma. Avant de se remettre à l'œuvre, il demeura absorbé dans une contemplation douloureuse.

— Pauvre enfant! se disait-il en suivant le cours de sa rêverie, qu'es-tu venue faire ici-bas ? Faut-il te plaindre ? faut-il t'envier ? Tu as traversé la vie sans t'y mêler, sans être atteinte par nos douleurs, sans connaître nos joies imparfaites ; tu viens de rendre à Dieu qui nous juge ton âme aussi blanche, aussi pure que tu l'avais reçue de ses mains. Je t'ai rencontrée sur ma route, je t'ai à peine entrevue, jamais ton regard ne s'est arrêté sur moi, mais je garderai de toi un souvenir éternellement cher. Tu resteras dans ma pensée comme une de ces mélodies qu'on n'a entendues qu'une fois et qu'on se rappelle toujours ; tu auras passé dans mon existence comme un de ces fantômes qui nous sourient, qui nous appellent et que nous ne pouvons saisir. La beauté rayonnait sur ton visage ; ta bouche respirait la bonté ; ton intelligence, qu'on disait éteinte, se nourrissait peut-être de célestes visions. Si tu avais pu descendre jusqu'à nous, heureux celui que tu aurais aimé !

Il avait repris son crayon, et, penché sur son œuvre, effaçait pour la dixième fois le contour des lèvres, qu'il ne pouvait réussir à modeler fidèlement. Depuis près d'une heure il s'acharnait à cette tâche. Il crut enfin avoir réussi, et, pour s'en assurer, leva les yeux sur le modèle : accoudée sur son lit, calme et sereine comme une jeune fille qui se réveille au matin, après une nuit visitée par les plus doux songes, Lucile le contemplait d'un air curieux.

— Ma mère ? où est ma mère ? dit-elle d'une voix douce comme la voix d'un enfant.

Et, pareille à une fleur qui ploie sous l'eau du ciel dont son calice était altéré, elle s'affaissa sur sa couche.

VII

Absorbé par la prière, le curé n'avait pas entendu la voix de Lucile ; un cri de Frédéric le tira du pieux recueillement où il était plongé. Il se leva et courut vers le lit de la jeune fille.

— Elle vit, s'écria Frédéric le pressant entre ses bras, elle vit, elle m'a parlé !

Et il sortit en toute hâte pour aller chercher le docteur Vincent.

Il ne marchait pas, il avait des ailes. Arrivé au terme de sa course, il ouvrit la grille, traversa le jardin, gravit l'escalier sans reprendre haleine, et se précipitant dans la chambre où le docteur, sous le coup des émotions violentes qu'il avait ressenties, veillait encore malgré l'heure avancée :

— Venez, s'écria-t-il ; elle vit, elle respire ! Ne perdez pas un instant, venez à son chevet.

Et il cherchait à l'entraîner.

Le docteur le regardait avec un étonnement mêlé d'inquiétude, et se demandait si Frédéric n'avait pas perdu la raison.

— Mais, reprit Frédéric d'une voix ardente, vous ne comprenez donc pas ? Elle respire, elle m'a parlé ! Elle m'a parlé, vous dis-je ! Venez, au nom du ciel, venez ; qu'attendez-vous ?

Et cette fois il l'entraîna.

Le docteur le suivait à grand'peine et doutait encore. En entrant dans le château, il vit bien que Frédéric avait dit vrai. On n'entendait dans les corridors, à tous les étages, qu'un seul cri : Mademoiselle n'est pas morte ! Il pénétra en tremblant dans la chambre de mademoiselle de Montsabrey. Lucile était toujours étendue sur son lit, mais déjà ses joues avaient repris les couleurs de la vie. Sa nourrice, assise près d'elle, écoutait et recueillait le souffle qui s'échappait de ses lèvres. Le curé, agenouillé, avait interrompu la prière des morts, pour réciter une hymne de reconnaissance. Le docteur prit la main de l'enfant, et des larmes de joie inondèrent son visage.

— Oui, mon Dieu ! s'écria-t-il, elle vit !

Mademoiselle de Montsabrey tourna la tête, ouvrit de grands yeux, et, regardant tour à tour le docteur et le curé :

— Est-ce vous, mes amis ? leur dit-elle d'une voix affectueuse.

La crise qui pouvait être mortelle l'avait sauvée : le voile qui séparait sa raison du monde des vivants venait de se déchirer.

Épuisée par cet effort de quelques instants, Lucile s'affaissa de nouveau.

— Où est madame de Montsabrey ? demanda Frédéric ; où son beau-frère la conduisait-il ? Il faut lui dépêcher un exprès.

Le docteur le prit par le bras et le mena dans l'embrasure d'une fenêtre ; le curé les suivit.

— Elle est sauvée, dit le docteur à voix basse ; elle est sauvée, je le crois, je l'espère, et pourtant je n'en répondrais pas. Envoyer un exprès ! y pensez-vous ? Si le ciel nous reprenait Lucile, madame de Montsabrey aurait perdu sa fille deux fois. Pour la rappeler, attendons que la résurrection soit pleinement accomplie. Ménageons le cœur de la mère, ne lui donnons pas trop tôt une joie qui pourrait finir par le désespoir.

Frédéric et le curé se rangèrent à cet avis. Au bout de huit jours, la guérison de Lucile était certaine. La raison lui était venue avec la santé ; l'intelligence avait brisé ses liens, la pensée avait trouvé une issue. Il n'y avait plus à hésiter ; comme l'exprès allait partir, on reçut au château une lettre du vicomte de Montsabrey annonçant qu'il emmenait sa belle-sœur en Italie. Le docteur, sans tarder, écrivit à Rome, à Naples, à Florence ; il ne doutait pas que madame de Montsabrey ne revînt avant la fin du mois.

VIII

La convalescence de Lucile marchait rapidement. A mesure que ses forces renaissaient, son intelligence s'épanouissait. Comme un terrain vierge qui n'a jamais été fatigué par aucune culture, elle produisait sans efforts et en abondance des fruits dont la splendeur étonnait le regard. Le curé, le docteur et Frédéric ne la quittaient pas ; ils rivalisaient d'ardeur, de vigilance, et c'était un spectacle touchant que celui de ces trois hommes veillant sur cette jeune fille avec la sollicitude et la tendresse d'une mère. Chacun des trois gardiens fidèles tirait parti, selon ses facultés, de cette résurrection merveilleuse. Bien qu'on touchât à l'hiver, quelques rayons doraient encore la plaine et les collines. Le docteur expliquait à mademoiselle de Montsabrey la nature qu'elle n'avait entrevue jusque-là qu'à travers un nuage. Chaque promenade était pour lui le sujet d'un enseignement et d'une révélation. Une roche, une plante, une source jaillissante, lui fournissaient l'occasion d'éveiller et d'agrandir l'esprit de sa jeune compagne. Le curé, témoin du miraculeux épanouissement de cette âme enfantine, lui montrait le doigt de Dieu dans la création entière. Quant à Frédéric, sa part d'action, quoique plus modeste en apparence, n'était cependant pas moins grande ; par sa grâce, par sa jeunesse, par son empressement affectueux, par la sympathie toute fraternelle qu'il témoignait à la belle enfant, il s'associait puissamment à l'œuvre des deux frères, et je crois bien que sa présence seule était plus éloquente que tous leurs discours. S'il tardait à venir, une inquiétude fébrile se lisait dans les yeux de Lucile : dès qu'elle le voyait, dès qu'elle entendait le son de sa voix, son cœur, en s'échauffant, doublait la curiosité de son intelligence. Près de Frédéric, elle voulait tout savoir, tout apprendre ; loin de lui, elle ne trouvait plus dans la nature qu'un spectacle indifférent. Elle ne cherchait pas à s'expliquer la présence de ce jeune homme au château ; elle ignorait ce qu'il était, d'où il venait, et ne songeait pas à le demander. Son âme, en s'éveillant, s'était posée sur lui sans défiance, comme une colombe qui vient de s'échapper pour la première fois de son nid s'abat sur le rameau voisin.

L'hiver venu, il fallut dire adieu aux promenades et se réunir autour du foyer. Des entretiens variés, des lectures habilement choisies, des leçons données tour à tour par Frédéric et par les deux frères, continuaient l'œuvre commencée. Frédéric ne ressemblait pas à la plupart des peintres de notre époque, il n'avait pas borné ses études aux secrets de son art ; il estimait qu'en dehors de la peinture on peut, en cherchant bien, trouver par ci par là quelques petites choses qui ne sont pas tout à fait indignes d'exercer la pensée humaine. Aussi apportait-il un riche contingent aux travaux du jour, aux causeries du soir. Lucile l'écoutait, suspendue à ses lèvres ; Lucile aimait tout ce qu'il disait.

C'était là sans doute une vie bien douce pour notre jeune ami. Il partait la matin de Saint-Maurice, s'arrêtait à la maison du docteur, et tous deux, devisant, se rendaient au château. L'hiver a des beautés que les citadins ne soupçonnent pas. La campagne était charmante encore sous son manteau d'hermine ; les bois, chargés de givre, avaient dans le brouillard un aspect magique. Du plus loin qu'elle apercevait les deux amis, Lucile, enveloppée de fourrures, courait à leur rencontre ; la neige durcie criait à peine sous ses pieds délicats. La journée s'écoulait en heures enchantées, et Frédéric rentrait le soir au village, en compagnie du bon curé, dont les rigueurs de la saison n'avaient pu ralentir le zèle. Je le demande, quelle imagination un peu poétique n'eût envié le sort de ce jeune homme? Mêler ses jours à ceux d'une adorable créature qui, par un rare privilége, joignait la naïveté de l'enfance aux grâces de la jeunesse ; assister au réveil de cette âme angélique; surveiller, diriger l'essor de son intelligence ; épier, surprendre les premiers battements de son cœur, c'était une bien douce tâche, et, je le répète, une bien douce vie... Cependant Frédéric résolut de s'arracher au charme qui l'envahissait. Il avait fini par comprendre le danger de cette intimité... Il était trop pauvre, Lucile était d'une trop grande famille pour qu'il pût jamais songer à lui offrir sa main. Où le mènerait cette affection toujours croissante, cette affection mutuelle qui n'avait pas besoin d'aveu ? N'était-ce pas folie que de s'aventurer plus avant sur un chemin si périlleux ?... En même temps que la raison lui commandait de s'éloigner, ses travaux le rappelaient impérieusement à Paris. Son parti fut bientôt pris.

Un soir, comme ils étaient tous réunis, Frédéric annonça son départ et fit ses adieux à Lucile. La jeune fille pâlit et se tut. Les deux frères comprenaient, eux aussi, quoique moins nettement que Frédéric, le danger de sa position : bien qu'ils l'aimassent tendrement, ils ne cherchèrent pas à le retenir.

— Est-ce bien vrai ? dit enfin Lucile d'une voix mourante, où se peignait le trouble de son cœur ; parlez-vous sérieusement ? Vous partez, et pourquoi ? Que vous manque-t-il ? Vous n'êtes donc pas heureux près de nous ? Vous n'aimez donc pas vos amis ?

— Je dois partir, répliqua Frédéric ; vivre de votre vie est un bonheur qui n'est pas fait pour moi.

— Il a raison, mon enfant, dit le curé. Chacun ici-bas a ses devoirs ; l'oisiveté ne sied pas à son âge.

— Monsieur Frédéric, reprit Lucile tournant vers lui un regard suppliant, attendez au moins le retour de ma mère.

— Sa place n'est pas auprès de nous, dit le docteur ; il y aurait de l'égoïsme à le retenir plus longtemps. Voilà déjà bien des jours perdus ! Ses débuts ont été brillants : l'heure est venue pour lui de tenir ses promesses.

— Adieu, mes amis, dit Frédéric en se levant et serrant tour à tour la main de Lucile, du docteur et du curé, adieu ! Pensez quelquefois à moi, qui penserai sans cesse à vous. J'ai passé près de vous les plus beaux jours de ma vie, je ne l'oublierai jamais. Soyez heureux, que Dieu vous accorde toutes les joies que vous méritez !

Le docteur et le curé ne devinaient que bien confusément les sentiments qui l'agitaient ; ils l'embrassèrent avec une tendresse toute paternelle. Quant à Lucile, pâle, muette, immobile, elle regardait Frédéric et paraissait ne rien comprendre à ce qui se passait autour d'elle. Frédéric sortit le cœur navré, mais ferme, et maître de son émotion.

Le lendemain, à l'aube naissante, comme il achevait ses préparatifs de départ, il vit entrer dans sa chambre le docteur Vincent, dont les traits bouleversés trahissaient une vive anxiété.

— Vous ne partirez pas, vous ne pouvez pas partir, dit le docteur d'une voix émue; votre présence nous est nécessaire, votre tâche n'est pas achevée. Savez-vous ce qui se passe? A peine nous aviez-vous quittés, que Lucile a été prise d'une fièvre ardente. J'ai veillé toute la nuit à son chevet. Dans son délire, elle n'a prononcé que deux noms; quand elle n'appelait pas sa mère, c'est vous qu'elle appelait. Je l'ai laissée dans un état d'exaltation qui m'alarme, je ne vous le cache pas. Si vous vous éloignez, je ne réponds de rien. Songez, mon jeune ami, que vous faites maintenant partie de son existence. Quand sa raison s'est éveillée, c'est sur vous que s'est arrêté son premier regard; c'est vous qui avez reçu la confidence de ses premiers sentiments, de ses premières idées. C'est une âme toute neuve, qui n'obéit encore qu'à ses instincts. Plus tard, sans doute, elle pourra se passer de vous; à cette heure, elle a besoin de vous voir et de vous entendre pour penser, comme elle a besoin d'air pour respirer. Je connais l'honnêteté de votre cœur, je prévois tout ce que vous pouvez dire pour justifier votre éloignement ; mais j'en ai conféré avec mon frère, il a levé tous mes scrupules, sa parole doit suffire pour rassurer votre conscience et vous décider à rester. N'oubliez pas, mon ami, que je suis responsable de la vie de Lucile ; tant que madame de Montsabrey ne sera pas revenue, nous devons la remplacer. Je sais que vos travaux vous rappellent à Paris ; mais vous êtes jeune, un long avenir s'ouvre devant vous, et vous ne trouverez pas deux fois l'occasion d'accomplir un devoir aussi sacré que celui-là. Faites pour Lucile ce que vous feriez pour votre sœur. Madame de Montsabrey ne peut tarder à revenir. Vous avez été témoin de son désespoir, vous assisterez à sa joie, vous partirez heureux de son bonheur.

Et comme Frédéric hésitait :

— Vous ne pouvez plus demeurer ici, dans ce village, reprit le vieillard, qui avait toutes les délicatesses du cœur. La saison promet d'être rude. Vous ne savez pas ce qu'est l'hiver dans nos campagnes ; dans quelques jours, les sentiers ensevelis sous la neige seront impraticables. Venez vous établir chez moi ; mon ermitage est assez grand pour vous recevoir. Votre présence me rendra quelques lueurs de jeunesse ; vous serez comme un gai rayon au déclin de ma vie. Venez donc, mon ami ; les heures que nous ne passerons pas auprès de notre chère enfant, nous les passerons à parler des hommes et des choses que nous aimons.

La conscience la plus droite a tant de replis tortueux, nous sommes si habiles dans l'art d'ériger nos penchants en devoirs, que Frédéric, enchanté d'avoir un prétexte qui lui permît de rester, crut sincèrement qu'il se sacrifiait en consentant à ne point partir. Il accepta l'hospitalité qui lui était cordialement offerte, saisit son sac qu'il venait de fermer, et au lieu de prendre la route de Paris, s'achemina vers la maison du docteur Vincent, non sans avoir embrassé l'hôtesse de l'*Aigle d'or* et ses filles, qui pleuraient comme trois fontaines.

Le docteur n'avait pas trompé Frédéric, Lucile était aux prises avec une fièvre ardente. A peine eut-elle aperçu le jeune peintre, que son visage se calma comme par enchantement. L'éclat de ses yeux s'adoucit; elle lui tendit la main, et, d'une voix qui exprimait à la fois la reconnaissance et le reproche :

— Pourquoi donc, dit-elle, vouliez-vous partir ?

Frédéric s'assit à son chevet et n'eut pas de peine à se justifier.

IX

La vie du château, un instant troublée par cette rechute imprévue, avait repris son cours accoutumé. L'étude, l'amitié, les causeries sans fin se partageaient les jours de Lucile. Elle ne se lassait pas d'interroger Frédéric sur sa mère, sur sa sœur, sur ses débuts ; elle voulait savoir ce qui l'avait amené à Saint-Maurice, et comment il avait vécu jusque-là. Frédéric racontait gaiement ses premières épreuves et ses premiers travaux. Il parlait de son art avec feu : il disait avec simplicité sa pauvreté fière et laborieuse. Puis venait le récit de son voyage ; Lucile le suivait, en souriant, tantôt sur les routes poudreuses, tantôt le long des sentiers verdoyants. Il esquissait d'une façon charmante tous les originaux qui avaient posé devant lui, et dont les visages hétéroclites, copiés avec une impitoyable fidélité, avaient composé la dot de sa sœur. Son arrivée chez sa vieille mère, le mariage des deux fiancés, ses poétiques excursions dans la Creuse, son entrée à Saint-Maurice et son séjour à l'*Aigle d'or*, il n'omettait rien, il racontait tout avec grâce. Il n'oublia pas la bannière du saint patron rongée par les rats indiscrets. Lucile, malgré son respect pour le bon curé, ne put retenir un joyeux éclat de rire au récit de cet épisode. Elle s'intéressait surtout à cette jeune sœur qu'elle ne connaissait pas, et se faisait redire sans cesse le bonheur du jeune ménage.

— Je veux connaître votre sœur, vous me l'amènerez ; ou, quand ma mère sera de retour, nous irons ensemble la voir. Je l'aimerai, oh ! je l'aimerai bien : croyez-vous qu'elle m'aimera ? disait-elle.

Souvent aussi la conversation prenait un

caractère plus sérieux. Pour satisfaire la curiosité de Lucile, moins encore que pour féconder cette âme virginale, les deux vieillards l'entretenaient gravement de leur existence modeste, vouée tout entière aux malheureux. En les écoutant, Lucile comprenait la sainteté du dévouement et la grandeur de la bienfaisance. Puis, à son tour, elle racontait tout ce qu'elle avait senti avant d'entrer dans la vie commune.

— C'était un état bien étrange, et dont j'essayerais vainement de vous rendre compte. Je comprenais tout, je sentais tout le prix des soins affectueux qui m'étaient prodigués. J'étais pleine de reconnaissance pour l'amour qui veillait à mes côtés : j'aurais voulu répondre aux caresses de ma mère; mais je ne trouvais pas de paroles pour exprimer les sentiments et les idées qui s'agitaient, qui bourdonnaient en moi comme l'essaim d'une ruche en travail. Que vous avez été bon, docteur, pour cet enfant! Vous aussi, mon ami, ajoutait-elle s'adressant au pasteur. Je vous aimais et ne pouvais pas vous le dire. Continuellement j'entendais dans mon sein un bruit de source qui cherche à jaillir et ne peut percer le rocher. Si j'essayais de rompre le silence, mes efforts redoublaient le tumulte de mes pensées ; la vie me suffoquait, et ma lutte se terminait par la défaillance. Ce que j'ai souffert, je ne saurais l'exprimer. Quand ma mère embrassait mes genoux, en s'écriant : — Entends-moi !... — il me semblait que mon cœur allait éclater, et je tombais inanimée, écrasée par mon impuissance. Je n'étais bien que seule, j'aimais la nature, qui me donnait tout sans me demander rien. Je n'ai d'ailleurs qu'un souvenir confus de ces années douloureuses. L'image du passé n'est pour moi qu'un rêve dont j'ai peine à rassembler les fantômes épars. Ma vie a commencé le jour où je vous ai aperçu à mon réveil.

Et Lucile attachait sur Frédéric un regard reconnaissant.

Le docteur écoutait ce récit ingénu, comme il eût écouté la leçon d'un maître. Au sentiment de la curiosité satisfaite se mêlait chez lui un légitime sentiment d'orgueil : il s'applaudissait d'avoir deviné ce que Lucile venait de raconter.

Ainsi les jours s'écoulaient doucement. Mademoiselle de Montsabrey, qui sentait son ignorance et qui voulait ménager à sa mère une joyeuse surprise, s'emparait avidement de toutes les idées nouvelles offertes à son esprit. L'hiver n'était pas achevé, qu'elle avait déjà réparé le temps perdu. Pareille à ces arbustes du Midi, qu'une chaude journée de printemps suffit pour charger de bourgeons et de fleurs, elle en savait autant que la plupart des jeunes filles de son âge. Elle avait même sur elles un précieux avantage : elle aimait ce qu'elle savait et en nourrissait sa pensée ; son éducation n'avait pas été un pur exercice de mémoire.

Cependant, on touchait à la fin de l'hiver, madame de Montsabrey n'était pas revenue et n'avait pas donné de ses nouvelles. Le docteur avait écrit de nouveau, cette fois au ministre de France, à Milan, à Venise, à Rome, à Florence : madame de Montsabrey n'avait traversé aucune des capitales de l'Italie. Il avait envoyé un exprès à Paris : l'hôtel du vicomte était fermé depuis plusieurs mois. Dans sa terre du Berri, personne ne savait où était le vicomte ; l'intendant lui-même l'ignorait. Que devenait madame de Montsabrey ? Dans quelles contrées voyageait sa douleur ? Pendant que l'infortunée promenait au loin son désespoir, le bonheur l'attendait au seuil de sa porte... Il y avait là quelque chose de poignant qui eût navré le cœur le plus indifférent.

— Pourquoi ma mère n'est-elle pas ici ? demandait constamment Lucile à ses amis ; pourquoi tarde-t-elle à revenir ? Elle me pleure, et rien ne lui dit que sa fille respire et l'appelle !

Tantôt elle voulait partir, la chercher dans le monde entier. Il lui semblait qu'un instinct infaillible guiderait ses pas ; elle refusait de croire que le monde, si grand qu'il fût, pût la cacher longtemps à son amour. Tantôt, seule dans sa chambre, assise devant sa fenêtre ouverte, elle l'appelait à haute voix.

— Ma mère! ma mère! disait-elle; à mon tour, je te crie: Entends-moi, réponds-moi!

Tous les bruits du dehors la faisaient tressaillir : le galop d'un cheval, le roulement d'une voiture, faisaient affluer son sang à son cœur. On se souvient du compagnon fidèle qui veillait sur Lucile enfant, et la ramenait au château quand elle s'oubliait dans les bois. Comme par le passé, il la suivait partout, il était toujours auprès d'elle. La jeune fille lui disait parfois :

— Turc, où est ma mère? cherche-la, mon bon chien!

Turc, aussitôt, agitant sa queue, furetait dans tous les coins du logis, s'échappait de la cour en poussant des abois plaintifs, battait les campagnes environnantes et revenait, l'oreille basse, se coucher aux pieds de sa jeune maîtresse, qui le caressait tristement. Il y avait des jours où le découragement s'emparait de

Lucile ; mais les trois amis veillaient sur elle et la relevaient par de douces paroles. Le docteur lui promettait le prochain retour de madame de Montsabrey ; le curé lui enseignait la soumission aux volontés de Dieu ; Frédéric redoublait d'empressement et de tendresse fraternelle. Touchée de tant de soins et d'affection, l'aimable enfant craignait d'être ingrate, et se reprenait à l'espoir, au bonheur.

Les premiers beaux jours complétèrent sa régénération. Elle assista au réveil de la nature, comme Ève contemplant pour la première fois les enchantements de l'Éden ; ses facultés achevèrent de s'épanouir, comme la corolle d'une fleur sous les tièdes baisers du soleil. La jeunesse et l'intelligence rayonnaient sur son front et dans son regard autrefois immobile ; la vie circulait sous l'albâtre rosé de son visage et jusque dans les boucles de ses blonds cheveux, où la brise aimait à se jouer. Jamais beauté plus suave n'avait souri à la clarté du ciel. Tout verdissait, chantait, fleurissait autour d'elle ; elle était elle-même une des grâces de la création.

Avec le printemps étaient revenues les longues promenades. Ils allaient ensemble le long des haies, admirant et commentant le poëme éternel qu'ils avaient sous les yeux. Frédéric ne songeait plus à partir ; il oubliait tout ce qui n'était pas Lucile. Respirer l'air qu'elle respirait, s'enivrer à toute heure du charme de sa présence, il ne rêvait, ne demandait rien au-delà. Sa conscience était en repos : il avait voulu s'éloigner, et le docteur l'avait retenu en lui parlant de devoirs à remplir. Que lui réservait l'avenir? Quel serait le dénoûment de son séjour prolongé au château de Montsabrey ? Il ne s'en inquiétait pas et laissait couler les jours. De leur côté, les deux frères étaient sans défiance. Candide comme un enfant, complétement rassuré d'ailleurs par l'attitude de Frédéric et par la pureté de Lucile, le curé avait pris le parti de ne plus s'alarmer de leur intimité; le docteur lui-même, secrètement

5.

charmé d'avoir pour hôte ce jeune homme qui égayait sa solitude, le docteur, malgré sa clairvoyance et sa pénétration, vivait dans une paix profonde. Cette sécurité fut troublée.

X

Depuis longtemps Lucile désirait descendre à Saint-Maurice. Un dimanche, par une belle matinée, elle prit le bras du docteur Vincent et s'achemina vers le village ; Frédéric marchait auprès d'elle. Comme ils arrivaient sur la place, la foule silencieuse achevait de s'écouler dans le temple rustique ; le service divin commençait. Les paysans, qui ne connaissaient madame de Montsabrey que par ses bienfaits, avaient à peine entrevu sa fille ; mais, on le sait, la pauvre innocente avait été, pendant dix ans, la grande préoccupation du hameau. La nouvelle de sa mort les avait consternés ; sa résurrection était le sujet de tous les entretiens. L'hôtesse de l'*Aigle d'or* n'hésitait pas à dire à tout venant que c'était Frédéric, Frédéric qui l'avait sauvée, Frédéric qui lui avait rendu la vie et la raison. Comme le jeune peintre était aimé de tout le village, personne n'avait refusé d'y croire, si bien qu'à deux lieues à la ronde Frédéric passait pour avoir ressuscité, en moins d'un an, le grand saint Maurice et mademoiselle de Montsabrey. On venait en pèlerinage visiter la chambre qu'il avait occupée à l'auberge de l'*Aigle d'or*. Pendant la messe, tous les regards restèrent fixés sur lui et sur Lucile. Ils étaient si beaux, si charmants tous les deux, que la pensée ne pouvait s'empêcher de les fiancer aussitôt l'un à l'autre. A la sortie, sous l'auvent de tuiles moussues, ils furent entourés d'une foule empressée, qui les accompagna jusqu'à la porte de la cure. Lucile passa le reste de la journée au presbytère et se retira le cœur tout imprégné du bon parfum qu'on y respirait. Elle avait repris le bras du docteur Vincent; mais, au bout de quelques pas, le docteur, retenu par un groupe de bonnes femmes qui, depuis le matin, guettaient son passage, avait dû céder à Frédéric le bras de mademoiselle de Montsabrey. Les deux jeunes gens traversèrent la place et gagnèrent le sentier creusé dans la montagne, sans entendre les propos de la foule qui s'ouvrait devant eux.

— C'est pourtant lui qui l'a sauvée ! disait l'un.

— Il en sera bien récompensé, disait l'autre. C'est, ma foi, une belle cure, mais c'est aussi un beau brin de fille.

— Allez, croyez-moi, compère, disait un troisième, il n'y a que la jeunesse pour sauver la jeunesse.

— Et à quand le mariage ? demandait le gros Nicolas en se frottant les mains.

— Jarnidieu ! reprenait maître Sylvain, voilà un Parisien qui n'aura pas perdu son temps chez nous. C'est un bon métier que le métier de peintre.

— Oui, ajoutait le petit Léonard, ça rapporte plus que de gauler des noix.

Lucile et Frédéric s'étaient hâtés d'échapper à la curiosité des indigènes. Ils cheminaient dans le sentier désert, la jeune fille appuyée au bras du jeune homme. C'était la première fois qu'ils se trouvaient seuls : ils s'enivraient sans trouble et sans remords de ce bonheur qu'ils n'avaient pas cherché. Ils ne se disaient rien que le docteur ou le curé n'eût pu entendre, et pourtant ils étaient heureux de se sentir ainsi l'un près de l'autre, marchant sans témoins sous la voûte du ciel. Jamais ils ne s'étaient inquiétés des regards qui veillaient sur eux, et cependant ils jouissaient délicieusement de cette première heure de solitude et de liberté. La soirée était belle. A quelque distance du château, ils allèrent s'asseoir sur le tertre incliné où Frédéric avait aperçu pour la première fois mademoiselle de Montsabrey. Les étoiles commençaient à poindre ; les haies se remplissaient de cris d'oiseaux qui se blottissaient dans leurs nids. Ils restèrent longtemps silencieux, recueillis, regardant les teintes orangées du couchant, prêtant l'oreille aux confuses rumeurs qui montaient du vallon, abîmés dans la contemplation des splendeurs de la nuit.

— C'est ici, dit enfin Frédéric, c'est à cette place où nous sommes que je vous ai vue pour la première fois. C'était par un beau jour d'automne. Je n'avais fait que vous entrevoir, et déjà vous étiez l'unique préoccupation de ma vie.

Et le jeune peintre raconta quel intérêt soudain il avait ressenti pour la destinée de Lucile. Sa parole avait l'éloquence facile des sentiments sincères : Lucile, charmée, ne songeait pas à l'interrompre ; la voix de Frédéric arrivait à son cœur, plus fraîche, plus embaumée que le vent qui courbait autour d'elle les hautes herbes et les genêts fleuris.

Quand il eut cessé de parler :

— Ainsi, dit-elle, avant de me connaître, vous pensiez à moi, vous étiez attiré par mon malheur? Oh ! mon ami, c'est que vous êtes bon. Tenez, puisque nous sommes seuls, je veux vous confier une chose que je n'ai jamais osé dire devant le docteur et le curé. Au temps où ma vie n'était qu'un rêve pénible et tourmenté, je voyais toutes les nuits un être mystérieux qui s'asseyait à mon chevet et qui vous ressemblait comme un frère. Il me regardait en souriant, et je sentais mon intelligence se dégager sans efforts des liens qui l'opprimaient. Il me parlait, et je trouvais sans peine des paroles pour lui répondre. Il avait tous vos traits ; sa voix était douce comme la vôtre ; quand je vous aperçus à mon réveil, je reconnus l'ami qui visitait mes songes.

Ils étaient retombés dans leur rêverie silencieuse ; ils se taisaient, pour mieux écouter le langage divin de leurs âmes. A deux pas du tertre où ils étaient assis, le docteur, qui venait de les rejoindre et qu'ils ne voyaient pas, les regardait, depuis quelques instants, d'un air pensif et doux.

— Mes enfants, dit-il avec bonté, il se fait tard ; Hippocrate est d'avis qu'on ne doit pas s'exposer trop longtemps à la fraîcheur des nuits sereines.

Aussi purs que le ciel qui étincelait au-dessus de leurs têtes, les deux jeunes gens n'avaient senti, à la voix du vieillard, ni rougeur au front ni confusion au cœur. Ils étaient sans honte, mais non pas sans émoi. Le reste du trajet se fit en silence, et le bras de Lucile tremblait sur le bras du docteur. A peine rentré, Frédéric, au lieu d'achever la soirée avec son hôte, comme il en avait l'habitude, lui serra la main et se retira dans sa chambre : le bonheur a besoin de recueillement, et, comme la douleur, est ami de la solitude.

Les étoiles pâlissaient, l'orient commençait à blanchir, et le docteur Vincent se promenait encore dans les allées de son verger. Il avait entendu et recueilli la veille tous les propos qui se tenaient à Saint-Maurice ; il avait observé la muette rêverie de Lucile et de Frédéric : un mutuel aveu ne lui en eût pas appris davantage. Jusqu'à ce jour, le bon docteur n'avait vu dans l'entraînement de la jeune fille vers le peintre, qu'un instinct irréfléchi dont la raison finirait par triompher. D'une autre part, la tendresse purement fraternelle que Frédéric témoignait à mademoiselle de Montsabrey avait achevé de le rassurer. Le bon docteur comprenait un peu tard qu'il s'était fourvoyé. Que faire ? quel parti prendre ? La position était périlleuse. Si Frédéric s'éloignait, que deviendrait Lucile ? S'il restait, où s'arrêterait cette affection qui n'osait pas encore se nommer ? Madame de Montsabrey se résignerait-elle à donner la main de sa fille à un artiste de passage ? Le vicomte, qui ne manquait pas de morgue aristocratique, se prêterait-il à une telle mésalliance ? De quelque côté qu'il se retournât, le docteur n'entrevoyait qu'embarras et difficultés. Il pensait avec tristesse à l'avenir des deux enfants qu'il aimait, à la vie de Lucile, à peine éclose et déjà éprouvée ; il pensait avec effroi à l'absence prolongée de madame de Montsabrey, et se sentait plier sous la lourde responsabilité qui pesait sur sa tête chenue.

Après avoir pris quelques heures de repos, il se disposait à descendre au village pour se consulter avec son frère : comme il ouvrait la grille du jardin, il se trouva nez à nez avec le facteur rural, orné de sa boîte en sautoir.

— Une lettre pour vous, monsieur Vincent.

Le docteur poussa un cri de délivrance, en reconnaissant l'écriture de l'adresse : c'était une lettre de madame de Montsabrey. Tandis qu'on la cherchait en Italie, la mère de Lucile, qui n'avait pas quitté la France, vivait retirée à Saint-Raphaël, dans le Var. Elle écrivait :

Saint-Raphaël, 23 juin 1846.

« Mon vieil ami,

» Je suis arrivée ici mourante ; j'ai refusé d'aller plus loin. A quoi bon ? Ma douleur n'est pas de celles qui cherchent des distractions ;

puisque je n'en suis pas morte j'en vivrai, jusqu'à mon dernier jour. Pourquoi avez-vous souffert qu'on profitât de mon évanouissement pour m'arracher du lit où ma fille venait d'expirer ? C'était pour me sauver, m'a-t-on dit ; allez, la douleur ne tue pas. Je me sens enfin la force de retourner dans la demeure où j'ai vécu si longtemps avec ma bien-aimée Lucile. C'est là que je veux vieillir et m'éteindre moi-même, seule avec son image. Je n'ai jamais compris ces faibles cœurs qui craignent d'habiter les lieux où tout leur rappelle sans cesse les êtres chéris qu'ils ont perdus. Dans quelques jours je serai près de vous. Je n'attends plus de bonheur ici-bas ; ma seule consolation sera de parler d'elle à toute heure. Placez à mon chevet le portrait que vous m'avez promis. J'avais écrit pour vous le demander : par une pitié cruelle, mon frère a retenu ma lettre. C'est donc là, ma Lucile, tout ce qui me reste de toi !

» A bientôt, mon ami, que Dieu veille sur vous,

» Amélie de Montsabrey. »

A toute heure, la promesse du prochain retour de madame de Montsabrey eût comblé de joie le docteur Vincent. Au point où en étaient les choses, il la reçut comme un bienfait, comme une bénédiction du ciel : l'expérience lui avait appris que la surveillance de deux jeunes gens n'est pas une petite tâche. Le retour de madame de Montsabrey coupait court à toutes les difficultés : la mutuelle affection de Lucile et de Frédéric n'aurait pas le temps de grandir, de pousser des racines profondes ; ils pourraient se séparer sans que leur vie fût à jamais brisée. Le vieillard, à qui le bonheur venait de rendre le pas de sa jeunesse, courut à la chambre de Frédéric.

— Madame de Montsabrey a écrit, elle revient ! s'écria-t-il ; allons vite porter cette bonne nouvelle à sa fille.

A ces mots, le jeune peintre devint pâle comme la mort ; le docteur, sans remarquer l'altération de son visage, l'entraîna vers le château.

— Mon enfant, dit-il en abordant Lucile qui se promenait au jardin, dans quelques jours vous embrasserez votre mère.

Lucile jeta un cri de joie, et, saisissant la lettre que lui tendait le docteur, elle la couvrit de larmes et de baisers.

Frédéric, morne et silencieux, se tenait debout auprès d'elle : il avait fait un doux rêve et venait de se réveiller.

XI

Frédéric avait senti sur-le-champ que son rôle était fini, sa tâche terminée, et qu'un seul parti lui restait désormais. L'hésitation n'était pas permise ; cependant il avait compris en même temps que son devoir l'obligeait d'attendre madame de Montsabrey : la fuite, au moment de son arrivée, aurait eu l'apparence d'un remords. Quant à Lucile, un seul sentiment remplissait son cœur : elle allait revoir, elle allait embrasser sa mère. La pensée que Frédéric devait partir ne lui était même pas venue à l'esprit ; si quelqu'un fût venu lui dire qu'elle était sur le point de perdre son ami, elle n'eût répondu que par un sourire d'incrédulité.

Tout était prêt pour le retour. Le docteur savait que la joie peut foudroyer comme la douleur, et voulait ménager le cœur de madame de Montsabrey ; il sentait qu'elle succomberait, s'il lui annonçait trop brusquement la résurrection de sa fille. Il avait tout prévu, tout calculé ; Lucile et les serviteurs avaient promis de le seconder.

Un matin, ils étaient tous réunis au salon du château, Lucile, le docteur, le curé et le jeune peintre. Le salon, rempli de fleurs, inondé de soleil, avait un air de fête. Tous quatre paraissaient en proie à une émotion dont on peut aisément se faire une idée : le docteur venait de recevoir quelques lignes du vicomte, annonçant pour le jour même l'arrivée de madame de Montsabrey. Les deux vieillards cherchaient à calmer l'agitation de la jeune fille. Témoin de leur bonheur à tous, Frédéric savourait en silence la seule joie qui ne lui fût pas interdite : dans cette demeure, si longtemps habitée par le désespoir, il n'y avait plus que lui de malheureux. Par un sentiment de discrétion facile à comprendre, il eût voulu ne pas assister à la première entrevue, mais ses amis avaient insisté : puisqu'il avait été à la peine, il devait être à la récompense.

Les heures se traînaient bien lentement au gré de Lucile, que consumait la fièvre de l'attente. A chaque instant elle interrogeait la pendule, courait au balcon, plongeait dans la campagne un regard avide, et allait se rasseoir d'un air découragé. L'attente est le supplice du bonheur. Il était midi : l'*Angelus* sonnait à l'église de Saint-Maurice. Tout à coup, Turc, qui était couché aux pieds de sa maîtresse, se leva, dressa les oreilles et flaira le vent. Presque aussitôt on entendit le roulement lointain d'une voiture. Le bruit se rapprochait de plus en plus. Entourée du docteur, de Frédéric et du curé, Lucile se tenait debout dans l'embrasure d'une fenêtre. Elle était pâle, tremblante, éperdue, et pressait son cœur à deux mains. Enfin, un cri partit de sa poitrine : une chaise de poste venait

6

d'enfiler l'avenue et s'avançait au galop des chevaux.

— Ma mère ! c'est ma mère !

Et la jeune fille fit un mouvement pour s'élancer à la rencontre de madame de Montsabrey. Le docteur la retint avec autorité.

— Est-ce là, mon enfant, ce que vous m'avez promis ? Soyez maîtresse de vous-même. Votre mère a résisté à la douleur de vous perdre ; voulez-vous qu'elle succombe à la joie de vous retrouver ?

— Oui, mon ami, je serai forte ; oui, je serai maîtresse de moi-même ! s'écria Lucile, se jetant dans les bras de son vieil ami ; mais, au nom du ciel, ayez pitié de moi ! ne prolongez pas trop longtemps cette épreuve !

Quelques instants après, la porte du château s'ouvrait à deux battants, et le pavé de la cour s'ébranlait sous les roues de la chaise de poste. Les deux frères étaient descendus au perron ; Frédéric, qui les avait suivis, se tenait à l'écart. Ce fut le docteur qui ouvrit la portière et abaissa le marchepied ; puis, avec la galanterie d'un vieux gentilhomme, il offrit sa main à madame de Montsabrey. La mère de Lucile était si changée, que les serviteurs, groupés autour de la voiture, hésitèrent à la reconnaître ; des larmes d'attendrissement coulaient de tous les yeux. Elle promena autour d'elle un regard douloureux, s'appuya en silence sur le bras du docteur, et monta lentement les degrés du perron, pendant que le pasteur, qui avait pris le vicomte à part, le mettait dans la confidence. En présence de ses gens, elle avait contenu son émotion ; à peine entrée dans le salon, elle s'affaissa sur un divan, et son sein éclata en sanglots. Les deux vieillards et le vicomte, assis auprès d'elle, contemplaient, avec un sentiment qui ressemblait presque au remords, l'explosion de ce désespoir qu'ils pouvaient, d'un seul mot, changer en transports d'allégresse.

— Mon ami, dit-elle au docteur, dès qu'elle fut un peu calmée, montrez-moi le portrait de ma fille.

— Madame, répliqua gravement le docteur, consultez bien votre courage. Vous étiez la plus infortunée des mères, votre fille venait d'expirer, lorsqu'on a dessiné ses traits : vous sentez-vous la force d'en soutenir la vue ?

— Oui, mon ami, oui... Mais pourquoi ces fleurs ? Pourquoi cet air de fête répandu autour de mon deuil ? Ah ! je comprends... Ma fille aimait les fleurs, et vous avez voulu que tout me parlât d'elle. Vous avez bien fait, mon ami ; il me semble que je respire son âme mêlée à tous ces parfums... Donnez-moi son portrait, ajouta-t-elle avec une nouvelle insistance.

— Je crains...

— Ne craignez rien ; j'ai vu mourir ma fille, je puis tout supporter.

— En êtes-vous bien sûre, madame ?

— Oui, mon ami, oui, je réponds de moi... Hélas ! vous le savez, jamais la vie n'éclaira le visage de ma pauvre Lucile ; la mort n'a pu le changer.

— Eh bien, madame, dit le docteur, puisque vous êtes sûre de vous-même, puisque vous croyez pouvoir tout supporter... tournez la tête et levez les yeux : votre fille est au-dessus de vous.

Madame de Montsabrey tressaillit, se retourna vivement, et resta immobile, frappée de stupeur, devant un portrait de Lucile, que Frédéric avait achevé quelques semaines auparavant. C'était une belle peinture, vraiment digne du pinceau d'un maître. On sentait que l'artiste avait plus d'une fois regardé dans son cœur pour reproduire l'image du modèle. Le front resplendissait de vie et de jeunesse ; la pensée étincelait dans le regard ; les lèvres, pleines de bonté, s'épanouissaient en un demi-sourire. La poitrine respirait largement ; les cheveux foisonnaient aux tempes et ruisselaient le long des joues en boucles blondes et vivaces. Il y avait, dans l'expression de ce doux visage, quelque chose de l'étonnement de Psyché au moment où son âme vient de s'éveiller à l'amour.

— O mon Dieu ! est-ce un rêve ? s'écria madame de Montsabrey ; elle vit, elle respire, elle pense, elle va parler ! Oh ! mes amis, c'est ma Lucile, c'est mon enfant deux fois ressuscitée !

— Madame, dit le curé, Dieu fait encore des miracles, il en fait tous les jours ; ceux qui ne les voient pas sont des aveugles, ceux qui les nient sont des ingrats.

— Dieu qui m'a pris ma fille ne me la rendra pas, murmura-t-elle en secouant tristement la tête.

— Dieu peut vous la rendre, madame.

— Que dites-vous ?... Ah ! laissez, laissez-moi... dit madame de Montsabrey, se soutenant à peine.

— Oui, madame, Dieu peut vous la rendre, Dieu peut tout ! ajouta le pasteur en élevant la voix. Appelez votre fille, appelez-la avec la foi d'une chrétienne... Peut-être verrez-vous ce portrait s'animer, prendre un corps et se détacher de son cadre pour venir tomber dans vos bras.

Madame de Montsabrey regardait tour à tour, avec l'égarement de la folie, le curé, le docteur et le vicomte, qui lui souriaient tous trois. Elle doutait, elle hésitait encore.

— Lucile! ma Lucile! s'écria-t-elle enfin d'une voix éclatante.

A ces mots, la porte de la pièce voisine s'ouvrit, et Lucile se jeta dans les bras de sa mère.

XII

Frédéric avait assisté à la fin de cette scène. Il s'était glissé discrètement dans l'embrasure d'une fenêtre, et là, il se disait avec amertume qu'il n'y avait plus de place pour lui dans cette famille rendue au bonheur. Personne ne songeait à lui, si ce n'est Turc, qui lui léchait les mains. Il allait s'éloigner, lorsque madame de Montsabrey lui adressa quelques paroles affectueuses : elle venait d'apprendre que c'était à ce jeune étranger qu'elle devait le portrait de sa fille. Dans l'ivresse de sa joie, elle ne pensait qu'à le remercier, et ne se demandait pas comment il se trouvait au château.

Après avoir répondu en balbutiant, Frédéric

se retira et passa le reste de la journée à errer seul dans la campagne, à visiter une dernière fois les lieux qu'il avait tant aimés et que remplissait l'image de Lucile. Il dîna dans une métairie, et ne rentra qu'à la tombée de la nuit. La maison du docteur était vide ; le docteur n'avait pas quitté le manoir. Frédéric s'occupa sur-le-champ des préparatifs de son départ. Comme il mettait en ordre ses crayons et ses pinceaux, il entendit frapper à sa porte, et ne fut pas médiocrement surpris en reconnaissant sur le seuil le vicomte de Montsabrey.

Le visage impassible, l'air froid et compassé, d'une élégance qui ne variait jamais, d'une politesse tellement exquise qu'elle touchait à l'impertinence, d'un esprit si correct, d'un savoir-vivre si raffiné, d'un comme il faut si désespérant, qu'après l'avoir subi pendant une heure on éprouvait un farouche besoin d'aller finir ses jours chez les Hurons ; galant homme d'ailleurs, je n'en veux d'autre preuve que son dévouement pour sa belle-sœur, et son affection pour sa nièce : tel était le vicomte de Montsabrey, qui passait généralement pour un *gentleman* accompli. Entre autres prétentions, il avait celle d'aimer les arts et de s'y connaître. Quant aux artistes, il les considérait comme une espèce d'animaux barbus, qui tenaient du castor par l'intelligence, de l'Iroquois par les manières, et que Dieu avait mis sur terre uniquement pour peindre des tableaux ou tailler des statues. La vue seule du chapeau de Frédéric l'avait plongé dans une profonde stupeur. En apprenant que depuis plusieurs mois ce jeune homme était, en quelque sorte, devenu l'hôte du château, il n'avait pu dissimuler son étonnement, et n'avait imaginé qu'une explication plausible au séjour prolongé de Frédéric à Saint-Maurice : toute peine mérite salaire, et ce garçon ne voulait pas quitter le pays avant d'avoir touché ses honoraires.

— Monsieur, dit le vicomte après l'avoir salué et s'asseyant auprès de lui, le docteur Vincent nous a mis au courant de tout ce que vous avez fait pour ma nièce. Je regrette sincèrement de n'en avoir pas été instruit plus tôt. Votre temps est précieux ; il se trouve que, sans le savoir, nous en avons singulièrement abusé. Je me plais à le reconnaître, le portrait de Lucile est une véritable merveille. Ne prenez pas ce compliment pour une parole en l'air : j'ai visité l'Espagne, l'Italie, la Belgique, et, je l'avoue, j'ai vu peu de peintures qui m'aient fait autant de plaisir. Fixez vous-même le prix de votre travail ; quel qu'il soit, je ne croirai jamais avoir payé trop cher un ouvrage si remarquable.

En achevant ces mots, le vicomte ouvrit son portefeuille. Frédéric l'avait écouté sans le comprendre. En voyant le portefeuille s'ouvrir, il sentit tout son sang lui monter au visage ; il devina qu'il avait affaire à un de ces hommes du monde qui croient que tous les services peuvent se payer avec de l'argent.

— Est-ce madame de Montsabrey qui vous envoie, monsieur ? demanda-t-il d'une voix brève.

— Ma sœur est tout entière à sa fille et n'a pu songer encore à s'acquitter envers vous. Permettez donc, mon cher monsieur...

— Vous ne me devez rien, monsieur le vicomte, répondit froidement Frédéric. Mon travail, puisqu'il vous plait de l'appeler ainsi, est payé bien au delà de sa valeur par le spectacle touchant auquel j'ai assisté ce matin. Je ne veux pas d'autre récompense que la joie et le bonheur de madame de Montsabrey.

— Cependant, monsieur...

— N'insistez pas, monsieur le vicomte, dit Frédéric d'un ton sec qui ne souffrait pas de réplique.

Le vicomte sentit qu'il venait de faire un pas de clerc. Il se leva un peu confus, et se retira en redoublant de politesse.

— Où diable la fierté va-t-elle se nicher? disait-il en poussant la grille du jardin. Depuis qu'un empereur a ramassé le pinceau du Titien, il n'est pas de rapin qui ne se prenne pour un grand seigneur.

Une heure après, le docteur Vincent rentrait chez lui. Il acheva la soirée avec son jeune ami ; c'était la dernière qu'ils devaient passer ensemble. Frédéric avait résolu d'emporter avec lui le secret de son cœur ; mais il vint un instant où, ne pouvant plus se maîtriser, il cacha sa tête entre ses mains et laissa couler ses larmes. Le vieillard connaissait la source de ces pleurs ; il n'avait pas besoin des confidences de ce malheureux jeune homme pour savoir ce qui souffrait en lui. Il le prit entre ses bras et le tint longtemps embrassé.

— Allons, mon enfant, du courage ! disait-il ; que la conscience du bien que vous avez fait vous relève et vous réconforte. Votre cœur n'est pas seul atteint ; à l'heure de votre départ, vous ne serez pas seul à pleurer. Du courage, mon cher Frédéric ! Soyez fort pour elle et pour vous. Il y a trois grands docteurs qui, pour ne point signer d'ordonnances, guérissent pourtant plus de maladies que toute la Faculté. Ils vous guériront, mon ami : c'est le travail, c'est l'art, c'est le temps. Un jour viendra où la douleur qui vous accable en ce moment ne sera plus pour vous qu'une image souriante, le plus frais, le plus pur de tous les souvenirs.

Le lendemain, dans l'après-midi, Frédéric, accompagné du docteur, se présentait au château, en habit de voyage. Madame de Montsabrey, Lucile, le vicomte et le curé étaient réunis au salon.

— Madame, dit-il après avoir salué respectueusement madame de Montsabrey sans oser jeter les yeux sur Lucile, je viens prendre congé de vous. Je vous suis désormais inutile; le peu de bien que je pouvais faire, je l'ai fait. Le spectacle de votre bonheur ne sortira jamais de ma mémoire. Ma plus douce joie, mon plus cher orgueil, sera toujours de penser qu'il m'a été donné de tenir, moi qui suis si peu de chose, une place dans votre vie.

Malgré sa ferme résolution de cacher ce qui se passait en lui, il ne put soutenir son rôle jusqu'au bout. Sa langue s'embarrassait ; ses paroles devenaient confuses. Comme il détournait la tête pour cacher son émotion, il aperçut deux larmes sur les joues de Lucile, et se sentit lui-même près de pleurer.

— Ainsi, monsieur, vous partez quand j'arrive! dit madame de Montsabrey le priant de s'asseoir ; je m'en afflige, et ne saurais m'en étonner. Il y a si longtemps que vous n'avez vu votre mère, votre sœur !... Et puis les travaux de votre profession vous rappellent à Paris ; c'est à Paris seulement que la renommée s'acquiert. J'aimerais à vous garder près de moi, car j'ai à peine eu le temps de vous remercier ; mais ce serait trop d'exigence, vous m'en voudriez peut-être, et moi-même, monsieur, je ne me le pardonnerais pas.

Chacune de ces paroles entrait comme une pointe d'acier dans le cœur de Frédéric. Dans sa douleur muette, il accusait madame de Montsabrey d'ingratitude et de sécheresse. A vrai dire, ce n'était point là les adieux qu'il avait rêvés. Il avait compté sur l'expression naïve d'un sentiment sincère, il ne rencontrait que cette banale urbanité que donne l'habitude du monde.

Il se leva pour se retirer ; madame de Montsabrey le retint et l'obligea à se rasseoir. Peu à peu la conversation prit un tour plus affectueux et presque familier. La châtelaine questionnait l'artiste sur sa famille, sur ses débuts, sur ses projets ; chaque réponse de Frédéric lui prouvait que le bon docteur et le bon curé n'avaient rien exagéré, en louant, en exaltant sans mesure les qualités de ce jeune homme. Lucile se taisait, mais son visage trahissait toute son anxiété. Madame de Montsabrey l'observait à la dérobée, et parfois attachait sur elle un regard qui semblait descendre jusqu'au fond de son âme.

— Je veux pourtant, monsieur, m'acquitter envers vous, dit-elle brisant brusquement le fil de l'entretien. Je sais que vous avez refusé les offres de mon frère ; j'aime à croire que vous me traiterez avec moins de rigueur. Vous ne partirez pas, vous ne pouvez pas partir sans emporter un gage de ma reconnaissance.

Frédéric, blessé, presque humilié, comme la veille en écoutant le vicomte, se leva, la mort dans le cœur, et jeta à madame de Montsabrey un regard de douloureux reproche. Tous les personnages qui assistaient à cette scène s'étaient levés en même temps. Lucile, près de défaillir et blanche comme un linceul, s'appuyait sur le bras du docteur, qui partageait en secret le martyre de ces deux enfants.

— Madame, dit le jeune peintre, souffrez que je me retire. La journée est avancée, je voyage à pied, et ma première étape est longue.

— Monsieur nous permettra du moins, dit le vicomte avec courtoisie, de le faire conduire en voiture jusqu'à la ville voisine.

— Monsieur le vicomte est mille fois trop bon, répliqua Frédéric qui n'avait pu s'empêcher de sourire.

Madame de Montsabrey s'était approchée de

lui et le regardait depuis quelques instants avec une expression de tendresse ineffable.

— Jeune ami, dit-elle à Frédéric d'une voix si douce qu'il sentit son cœur près de se fondre, il y a une récompense que vous ne refuserez pas, la seule que je puisse vous offrir, la seule qui soit digne de vous... Ma Lucile, donne-moi ta main.

Soutenue par le docteur et le curé, demi-morte, demi-souriante, Lucile s'avança vers sa mère.

Madame de Montsabrey prit la main de sa fille, la mit dans celle du jeune homme, et, les réunissant dans une même étreinte, elle leur dit :

— Vous êtes mes deux enfants.

Le docteur et le curé pleuraient.

Le vicomte, impassible, refusait d'en croire ses yeux et ses oreilles.

Madame de Montsabrey se tourna vers lui.

— Vous n'y aviez pas songé ? dit-elle.

— Vraiment non, dit le comte.

— Eh bien, mon frère, ajouta-t-elle gaiement, nous aurons un artiste dans la famille.

Le vicomte se pinça les lèvres et répondit avec dignité :

— Un de mes ancêtres a connu Léonard de Vinci et le Primatice à la cour de Fontainebleau : nous avons de tout temps encouragé les arts.

— Saint Maurice n'a pas été ingrat, dit le bon curé en pressant les mains de Frédéric.

Car le pieux vieillard n'hésitait pas à proclamer l'intervention du saint patron dans l'heureux dénoûment de cette histoire.

Quelques jours après, la famille de Frédéric arrivait au château de Montsabrey.

Frédéric sauta au cou de sa sœur, et, la conduisant vers Lucile :

— J'étais parti, lui dit-il, pour t'amasser une dot : j'ai rencontré sur ma route l'amour et le bonheur !

KARL HENRY

I

Les grands dévouements accomplis en vue de la cause publique ne me touchent guère, je l'avoue. La foule est là qui les contemple, l'histoire les inscrit sur ses tables d'or et l'immortalité s'en empare. Placé à si gros intérêts, l'héroïsme n'a rien qui m'émeuve ni qui me surprenne. Ce n'est d'ailleurs, la plupart du temps, qu'un transport au cerveau, un emportement des sens exaltés, et tel s'exécutera de bonne grâce en plein théâtre, aux acclamations des loges et du parterre, qui dans les coulisses n'eût été qu'un très-pauvre sire.

Ce qui me touche et m'émeut profondément, au delà de ce que je pourrais dire, c'est l'héroïsme à huis clos, c'est le dévouement fonctionnant dans l'ombre, sans aucune des excitations de la gloire, c'est l'abnégation et le sacrifice en vue d'un devoir terne et presque toujours ingrat. La vie bourgeoise a ses héros et ses martyrs, plus grands que Curtius et les Décies : je n'en veux citer qu'un exemple.

Vers 1830, je faisais partie d'un groupe de jeunes gens tendrement unis. La même province nous avait vus naître et grandir, nous avions étudié dans le même collége. Le même désir d'apprendre et de connaitre nous avait conduits à Paris : nous nous aimions et nous avions vingt ans. Que sont-ils devenus tous ces jeunes amis qui s'étaient promis de vivre et de vieillir ensemble ? La mort a pris les uns, la vie a dispersé les autres. A cette heure, nous descendons, chacun de notre côté, le versant de la colline que nous gravissions alors en nous tenant tous par la main, et c'est à peine s'il en reste encore deux ou trois qui se cherchent parfois du regard et se hèlent de loin en loin. Que de rêves envolés! que d'ambitions déçues! que d'espérances avortées! Hélas! et qu'elles ont passé vite, ces belles années de la jeunesse!

Or, dans ce temps déjà si loin de nous, le hasard avait jeté dans notre intimité un jeune homme pour qui nous étions tous pris, les uns et les autres, d'une amitié fraternelle. Il se nommait Karl Henry. Comme sa famille l'avait voué dès l'âge le plus tendre à l'étude du droit, il se trouvait avoir à vingt ans la passion et le génie de la musique. A coup sûr Gall et Spurzheim eussent trouvé quelque conformité entre son crâne et ceux de Mozart et de Beethoven. Quoique charmant, il n'était point beau ; mais qui l'eût observé dans un coin du Théâtre-Italien, alors qu'on exécutait l'*Otello* ou le *don Juan*, aurait cru voir le souffle de Dieu passer sur ce pâle visage. Le fantastique Hoffmann, en le voyant ainsi, l'eût aimé. Karl avait d'ailleurs l'admiration muette. Je me souviens d'avoir assisté près de lui à la première représentation de *Guillaume Tell*. Il ne bougea ni ne souffla mot; pas un cri, pas un geste, pas un mouvement d'enthousiasme. Seulement, quand nous fûmes dehors, il m'entraîna loin de la foule, et tout à coup, me serrant dans ses bras, il laissa couler avec ses larmes les flots émus qui l'oppressaient. Plongeant du premier coup dans les profondeurs du chef-d'œuvre, il avait tout senti, tout compris; il me tint le reste de la nuit à m'en dévoiler les magnificences.

C'était, je l'ai dit, une vraie passion, la seule que nous lui ayons connue pendant le temps qu'il vécut parmi nous. Il eût fait volontiers vingt lieues à pied pour entendre la symphonie en *ut mineur* : il était pauvre et se privait gaîment de dîner pour payer sa place aux Bouffes Il s'étonnait, avec raison d'ailleurs, que Rossini n'eût point été couronné, comme Pétrarque au Capitole : un jour, en apprenant que la veuve de Mozart vivait encore, il parla sérieusement de partir pour aller lui baiser les mains.

On pense bien qu'avec un tel amour il était musicien lui-même. Il connaissait en effet cette langue divine. Il lisait une partition comme nous autres un livre, et tous ces petits points noirs qui n'étaient pour nous que des taches d'encre, gazouillaient sous ses yeux et lui donnaient les plus beaux concerts. Il jouait même du violon ; mais il avait toujours refusé de se faire entendre devant nous, disant qu'il n'en jouait que pour lui seul, à l'unique fin d'accompagner les mélodies qui chantaient dans son cœur. A vrai dire, nous n'étions guère désireux de savoir à quoi nous en tenir là-dessus. Nos goûts et nos instincts nous portaient ailleurs, et notre éducation musicale avait été si nulle ou si incomplète, que les idées qui le préoccupaient nous étaient à peu près étrangères. Nous n'avions pas eu le bonheur d'être élevés au piano comme on l'est à présent, et de grandir dans une atmosphère de dièzes, de bémols, de blanches et de doubles croches : aussi étions-nous en ceci d'une ignorance devenue bien lourde à porter, depuis que la France s'est transformée en un immense orchestre où les enfants eux-mêmes font glorieusement leur partie. Karl Henry n'était donc pour nous qu'un garçon affectueux et tendre, qui aimait beaucoup et savait un peu la musique. Karl ne se croyait pas autre chose. Plein de candeur et s'ignorant lui-même, il n'avait jamais songé à se demander si ce grand amour qu'il avait n'était pas une révélation du génie qui couvait dans son sein. Bien qu'il n'y trouvât aucun charme, il se préparait, par l'étude des lois et de la procédure, à réaliser l'espoir de sa famille, et quoiqu'il souffrit en silence, il continuait de creuser patiemment son sillon, car c'était avant tout une âme droite et forte, profondément pénétrée du sentiment de ses devoirs.

Voici pourtant ce qui arriva :

Un soir, étant allé le visiter (il occupait une petite chambre au cinquième étage dans la rue du Bac), je le surpris dans un état d'exaltation difficile à décrire. Il était à peu de chose près en chemise, un archet d'une main, un violon de l'autre, les cheveux en désordre, les yeux étincelants, le front chargé de sueur. Aussitôt qu'il me vit, il déposa sur une table son violon et son archet, et venant à moi : — Ah ! mon ami, s'écria-t-il en m'embrassant, que c'est beau ! que c'est admirable ! Ce doit être la symphonie que les anges et les séraphins jouent les jours de fête aux pieds de l'Éternel.

Il s'agissait de je ne sais quelle symphonie qu'il avait dénichée le jour même, en flânant sur les quais, et qu'il était en train de déchiffrer, lorsque j'avais ouvert la porte. Dans son enthousiasme, il reprit l'archet et le violon ; puis, se campant devant son pupitre, il attaqua la partition. C'était la première fois que je l'entendais. Lorsqu'il eut achevé, il se tourna vers moi, et me voyant violemment ému : — N'est-ce pas que c'est beau ? me dit-il. — Oui, m'écriai-je, oui, c'est adorable. Et, l'embrassant à mon tour, je le pressai contre mon cœur. Heureux, et ne supposant pas qu'il fût pour quelque chose dans l'admiration que je manifestais, il ne résista plus au charme qui l'entraînait. Pareil à ces chanteurs qu'il faut solliciter deux heures et qu'on ne peut arrêter une fois qu'ils ont commencé, il me joua tous les morceaux qu'il affectionnait le plus. Quant à l'arrêter, je n'y songeais guère, et je l'écoutais dans un ravissement que rien ne saurait exprimer. En même temps je l'observais avec surprise, car, aussitôt qu'il jouait, il se passait en lui quelque chose de si étrange qu'il eût été difficile de ne pas en être frappé. C'était une transfiguration complète. Son front s'illuminait : je croyais voir autour de lui comme une atmosphère lumineuse, je croyais entendre les étincelles du fluide électrique pétiller dans les boucles dorées de sa chevelure frémissante. Le regard inspiré, les narines gonflées, les lèvres tremblantes, il y avait dans sa pose et jusque dans ses doigts nerveux qui s'allongeaient sur les cordes de l'instrument, ce je ne sais quoi d'imprévu, de poétique et de pittoresque qui n'appartient qu'aux grands artistes, et que la médiocrité essaye vainement d'imiter. Après chaque morceau, il venait s'asseoir près de moi sur son lit, et là, nous causions du grand air qu'il aimait. Il me raconta qu'il tenait le peu qu'il en savait d'un vieil oncle qui lui avait laissé, en mourant, son violon, vrai trésor. — Car c'est un *Stradivarius*, ajouta-t-il en le baisant avec amour et respect. Là-dessus, il joua cette valse qu'on est convenu d'appeler la dernière pensée de Weber, ou plutôt cette dernière pensée de Weber qu'on est convenu d'appeler une valse. Quand il eut fini, pour dissiper l'impression douloureuse, il exécuta quelques fantaisies éblouissantes, et quand je lui demandai de quel maître, il me répondit en souriant que c'était de sa façon. Me voyant rêveur : —

A quoi donc pensez-vous? dit-il. — Je me demande, lui répondis-je, si vous ne seriez point par hasard quelque homme de génie. — Il partit d'un grand éclat de rire et se mit à se rouler sur son lit comme un chat en gaîté ; mais tout d'un coup et sans transition il redevint sérieux et grave. — Mon ami, me dit-il, ne me parlez jamais ainsi, gardez-vous de troubler mon cœur; j'ai besoin de toutes mes forces et de tout mon courage. A ces mots, il serra son violon dans sa boîte, et prenant un volume que je reconnus pour être les *cinq Codes*, il le plaça sous son traversin. — Voilà mon oreiller, me dit-il : c'est le talisman qui défend mon chevet contre les tentations de l'art et contre les séductions de la gloire.

En cet instant, deux heures du matin sonnaient à l'église des missions et à tous les couvents d'alentour. Je serrai la main de Karl, et me retirai tout étourdi, ne sachant que penser de ce que je venais d'entendre.

II

A partir de ce jour, je retournai tous les soirs dans la chambre de la rue du Bac. Chère petite chambre, nid d'étudiant et de poëte, je crois la voir encore ! C'est là que j'ai passé les plus doux instants de ma première jeunesse. Je vois encore les murs tapissés d'un papier de tente à raies bleues, les deux fenêtres s'ouvrant sur de vastes jardins dont les parfums montaient jusqu'à nous durant la belle saison : çà et là les portraits lithographiés de la Sontag et de la Malibran ; les bustes en plâtre de Haydn, de Gluck et de Mozart ; des rayons chargés de *trios,* de *quatuors* et de sonates ; quelques livres de jurisprudence se prélassant sur une table d'un air ennuyé ; enfin le Stradivarius dans son étui de bois peint en noir, comme un Dieu dans son tabernacle : je revois tout, je n'ai rien oublié, tous ces détails d'ameublement se groupent avec grâce dans mes souvenirs autour de l'aimable figure qui en était l'âme et la vie. Après tant d'années qui nous séparent de ces jours charmants, il est encore des airs que je ne puis entendre sans que je sente mon cœur tressaillir, celui, par exemple, d'*une fièvre brûlante*, de Grétry, que Karl Henry ne se lassait pas de jouer sur son violon, et que je ne me lassais pas d'écouter. J'ai, depuis lors, entendu bien des exécutants, car, Dieu merci ! ce ne sont pas les exécutants qui auront manqué à notre époque. J'en ai vu de fort habiles et de très-illustres : les uns jouaient tout un opéra sur une seule corde ; les autres imitaient tous les instruments, et jouaient de tous, excepté de celui qu'ils avaient à la main. J'ai assisté à des merveilles en ce genre. Eh bien, je le dis encore à cette heure, à part deux ou trois grands artistes que Dieu nous a pris, sans doute pour diriger l'orchestre de ses chérubins, je n'en ai pas rencontré qui m'ait autant charmé que le faisait ce jeune Karl Henry. Il est vrai qu'en ces sortes de choses je n'ai jamais été un juge bien compétent. Si je suis touché, tout est bien ; si je reste froid, rien ne vaut. Il y a des gens qui soutiennent que c'est au monde la plus sotte façon de juger : j'en suis fâché, car c'est la mienne. Je fais plus de cas d'un sentiment naïf simplement exprimé, que de tous les tours de force et d'agilité qu'exécutent les clowns de l'art, aux applaudissements de la foule. En musique comme en littérature, je suis de l'avis d'Alceste, et préfère la chanson du roi Henri, pourvu qu'on me la chante juste, à tous les sonnets d'Oronte et à toutes les gargouillades des gosiers les plus exercés. A ce compte, comme il m'arrivait presque tous les soirs, en écoutant le violon de Karl, de me sentir ému jusqu'aux larmes, on comprend que j'en sois venu vite à croire à son génie. Le bruit s'en répandit parmi nos amis ; tous voulurent l'entendre, tous furent charmés comme moi. Karl devint bientôt l'Orphée de notre groupe. Nous lui composions un public de jeunes enthousiastes : nous lui donnions comme un avant-goût de la gloire.

— Hélas ! nous disait-il souvent, amis, vous me perdez, vous jetez dans mon cœur une ivresse funeste, vous éveillez en moi des rêves insensés. Pourquoi me montrer ce fantôme que je ne dois jamais saisir ? Pourquoi me présenter la coupe enchantée où mes lèvres ne boiront jamais ? Je suis voué à une tâche ingrate, et l'obscurité me réclame.

Cependant tous, excepté lui, nous nous précipitions, avec l'ardeur de notre âge, dans les avenues de la littérature et des arts. Son droit achevé, Karl Henry se préparait à retourner dans sa province. Naturellement fier et réservé, il ne nous avait jamais entretenus de sa position ; mais, à la façon dont il vivait, nous avions compris aisément que sa famille était peu fortunée. Un soir, j'étais seul avec lui dans sa chambre qu'il se disposait à quitter pour toujours ; il en vint à me parler pour la première fois des rigueurs de sa destinée : il le fit avec amertume.

— Vous êtes heureux, vous autres, disait-il : moi, je vais m'ensevelir vivant dans un tombeau.

Il marchait comme un jeune lion dans sa cage et se frappait le front. Pour se calmer, il prit son violon et improvisa des mélodies si remplies de tristesse, que des larmes coulèrent le long de mes joues et qu'il pleurait lui-même en s'écoutant. Je me levai, je courus à lui, et, le prenant entre mes bras, je lui demandai pourquoi, au lieu d'aller s'enfouir dans une carrière qui répugnait à tous ses instincts, il ne cherchait pas à se créer par son talent, par son génie peut-être, une position sur le grand théâtre où sa place me semblait marquée. Ce n'était pas la première fois que je l'entreprenais sur ce sujet : je réussis à l'ébranler.

Le hasard m'avait mis en relation avec un gentilhomme qui avait l'honneur et le bonheur d'être admis dans l'intimité du grand Baillot. Ce gentilhomme recherchait les artistes, aimait la musique et passait pour s'y connaître. Je lui parlai de mon jeune ami avec un enthousiasme tel, qu'il conçut le désir de l'entendre. Nous convînmes d'un jour. Ce jour arrivé, j'allai prendre M. de R***, et le menai chez Karl Henry, que je n'avais pas cru devoir prévenir, dans la crainte de l'effaroucher.

Ce Karl Henry était déjà, comme tous les grands artistes, un être bizarre, fantasque, capricieux. Il nous fut impossible de tirer de lui un seul coup d'archet, et lorsqu'il sut qu'il avait affaire à la curiosité d'un ami de Baillot, il ne se gêna point pour témoigner son humeur et demanda sérieusement si nous prétendions nous moquer de lui. Nous eûmes bien de la peine à l'apaiser. J'espérais qu'il consentirait du moins à causer de son art avec M. de R***; mais pendant tout le temps que dura notre visite, nous ne pûmes le faire parler d'autre chose que du Code de procédure et des Pandectes de Justinien. Il déclara qu'il n'entendait rien à la musique, qu'il ne s'en souciait pas davantage, et qu'il donnerait volontiers toutes les perruques réunies de Mozart, de Weber, de Haydn et de Beethoven, pour un seul cheveu du faux-toupet de Tribonien. J'étais désolé. En sortant, je crus devoir adresser des excuses à M. de R*** ; mais celui-ci m'interrompit en me disant : — Ce garçon me plaît: tâchez de me le faire entendre.

Voici de quelle façon je m'y pris et comment j'en vins à mes fins.

A quelque temps de là, je fis cacher M. de R*** dans un cabinet qui n'était séparé de ma chambre que par une mince cloison. J'avais écrit le matin à Karl pour lui dire que je l'attendais avec son violon. Je l'appelais ainsi toutes les fois que j'étais triste et souffrant ; il accourait et me guérissait en quelques coups d'archet. A l'heure indiquée, je me blottis tout habillé sous ma couverture et j'attendis mon médecin qui ne manqua pas d'arriver.

Après être resté quelques instants assis à mon chevet, il tira son violon de l'étui, et se prit à jouer comme je ne l'avais pas encore entendu jusqu'ici. Cependant, me défiant de moi-même, je me demandai avec inquiétude ce qu'on devait penser M. de R*** dans sa cachette, quand tout à coup, au milieu d'un grand morceau de Beethoven, la porte du cabinet s'ouvrit violemment ; M. de R*** se précipita dans la chambre, et passant brusquement ses bras autour de Karl, il le pressa contre son cœur. En même temps, je m'étais jeté à bas de mon lit, et je sautais comme un fou sur le parquet, tandis que Karl, son violon d'une main et son archet de l'autre, ne savait comment se défaire des étreintes qui l'étouffaient.

Il est de par le monde quelques hommes qui, sans avoir jamais rien fait, se trouvent mêlés activement au mouvement des arts et de la littérature : hommes heureux qui, à défaut de la puissance créatrice, ont reçu du ciel le goût, l'instinct et la passion des belles choses. Critiques en plein vent, bohémiens de l'intelligence, ils vivent en marge des peintres, des sculpteurs, des écrivains et des poëtes. Tout Paris sait leurs noms : parfaitement inconnus hors barrières, ils jouissent *intra muros* d'autant de célébrité que n'importe qui. Au courant de tout, il n'est pas un chef-d'œuvre sur le chantier qu'ils ne visitent au moins une fois la semaine, pas de production contemporaine dont ils ne prélèvent, pour ainsi dire, la fleur et les prémices. Ils connaissent le drame que M. Victor Hugo achève pour le Théâtre-Français, et le tableau que M. Gabriel Gleyre exposera l'an prochain au Louvre. Leur parole a de l'autorité, leur opinion fait loi. Natures bienveillantes, exempts pour la plupart des jalousies, des haines et des rivalités du métier, ils vont au devant du talent qui commence, ils s'en emparent et le protégent : ils sont les parrains du génie. Ils mourront sans avoir rien fait que parler ;

mais ils auront eu, leur vie durant, tous les petits profits de la gloire.

M. de R*** était un de ces hommes heureux. Le jour même il emmena, bon gré, mal gré, Karl Henry dîner avec lui, et, le soir, sans lui dire où il le menait, il le conduisit chez Baillot.

III

On sait, ou, si l'on ne sait pas, on saura que Baillot (irréparable perte !) réunissait chez lui, une fois par semaine, quelques artistes de choix, et qu'il exécutait avec eux, en présence de rares élus, les symphonies de Beethoven et les quatuors de Mozart. Ce qu'on ne peut savoir, à moins d'en avoir été témoin, c'est avec quelle grâce, avec quelle bonté ce grand artiste présidait ces réunions dont il était l'âme et la gloire. Ces soirs-là, les anges s'échappaient du ciel pour venir écouter à la porte du sanctuaire. Or, ce fut par un de ces soirs que M. de R*** introduisit Karl chez le roi du violon.

J'étais resté chez moi, plein de trouble et

d'anxiété. Je sentais que l'avenir de Karl dépendait de cette épreuve solennelle ; j'étais sûr qu'il ne rentrerait pas chez lui sans m'apporter auparavant le bulletin de la soirée. En effet, entre onze heures et minuit, je le vis entrer, comme un insensé, dans ma chambre. Il se jeta dans mes bras, et durant plus de cinq minutes je ne pus rien comprendre à ses discours : il parlait, riait et pleurait à la fois. Enfin, les premiers transports apaisés, je réussis à le faire asseoir et j'écoutai avec ivresse le récit souvent interrompu de son triomphe. J'exigeai qu'il n'omît pas le plus petit détail ; je voulais tout savoir, il dit tout : sa surprise, lorsqu'il s'était vu, sans y avoir été préparé, face à face avec Baillot ; son émotion devant le bienveillant accueil du maître ; sa joie et ses extases, lorsqu'il avait entendu la plus belle musique du monde exécutée par les plus grands artistes d'ici-bas. Mais lorsqu'il en fut arrivé à l'endroit de sa narration que je guettais surtout avec impatience, il se leva, et la voix plus ardente, le

regard plus brillant, le front plus inspiré :
— Voici ! s'écria-t-il. Je me tenais debout, dans un coin, on venait d'achever la symphonie pastorale ; je contemplais Baillot avec un sentiment de religieuse admiration, quand je le vis se détacher d'un groupe, se diriger vers moi et me présenter son violon. Je ne compris pas d'abord ce qu'il voulait ; dans mon trouble, je pris machinalement le violon et le lui rendis après l'avoir porté pieusement à mes lèvres. Mais ce n'était point de cela qu'il s'agissait, et je compris enfin que j'étais tombé dans un horrible guet-à-pens. Mon premier mouvement fut de me précipiter vers M. de R*** pour lui tordre le cou : je me sentis cloué à ma place. J'essayai de parler, je ne pus ; je voyais tourner autour de moi tous les objets et tous les assistants, tandis que devant moi, dans le centre de la ronde infernale, Baillot, immobile et terrible comme la statue du Commandeur, me présentait son violon. Je crus que j'étais fou, j'espérai que c'était un rêve. Combien de temps dura

cette hallucination ? je l'ignore. Tout ce que je sais, c'est qu'il vint un instant où comme un homme qui se jette la tête la première dans le gouffre qu'il ne peut plus éviter, par un mouvement de rage et de désespoir je m'emparai du violon, et, saisissant l'archet comme un glaive, j'allai me planter au milieu du salon. Je ne me souviens plus du reste, si ce n'est qu'il se fit tout d'un coup un tonnerre d'applaudissements et que je tombai dans un fauteuil, épuisé et sans connaissance. Quand je revins à moi, je me vis entouré de visages amis et j'aperçus Baillot qui me regardait en souriant. — O mon maître ! m'écriai-je tremblant et confus, en m'inclinant sur ses mains que je pressais respectueusement dans les miennes. Lui, simple et bon comme le génie, m'ouvrit ses bras et m'embrassa aux applaudissements de l'assemblée. — Armé chevalier ! dit M. de R*** en me frappant doucement sur l'épaule. Je lui sautai au cou, mais je ne l'étranglai pas.

Ce que j'avais prévu arriva : cette soirée décida de la destinée de ce jeune homme. Il jeta, comme on dit, le froc aux orties et se voua tout entier au culte de l'art. Il ne me confia rien des luttes qu'il eut à soutenir, à ce sujet, contre sa famille ; mais je pus m'en faire aisément une idée. Je compris qu'il ne recevait plus la pension que son père lui avait servie jusqu'alors, et qu'en attendant la vogue et la fortune, il allait se trouver aux prises avec ce monstre hideux qui s'appelle la pauvreté. Dirigé par Baillot qui le tenait en vive affection et qui ne lui épargna ni ses leçons, ni ses conseils, il pouvait devenir en peu de temps un des violonistes les plus distingués de son époque ; mais Karl aspirait à une plus belle gloire, et Baillot lui-même, loin de l'en détourner, l'y poussait, car le maitre avait reconnu dans l'élève une étincelle du foyer créateur. D'ailleurs le grand artiste pressentait avec tristesse l'invasion des exécutants qui devaient, quelques années plus tard, se ruer dans son domaine, comme autrefois les Normands dans le royaume de Charlemagne ; Baillot semblait prévoir qu'il emporterait avec lui le secret de ce bel art qu'il avait élevé si haut. Karl tourna donc vers la composition toutes ses études, toutes ses facultés et tous ses efforts. Cependant il fallait vivre. Trop fier pour s'ouvrir sur sa position de fortune soit à Baillot, soit à M. de R*** qui aurait pu le faire attacher à l'un des théâtres lyriques, il donnait çà et là quelques leçons, copiait de la musique, comme Jean-Jacques, et jouait, le soir, à l'orchestre d'un petit théâtre du boulevard. Il gagnait ainsi le pain de chaque jour et travaillait le reste du temps en vue de l'avenir qui promettait de le récompenser de tant de douleurs et de tant d'amertumes dévorées en silence.

Ce fut à cette époque de sa vie que je partis pour un long voyage. J'allai lui dire adieu dans cette petite chambre où j'avais passé près de lui de si bonnes heures.

— A mon retour, lui dis-je, vous serez célèbre et ce ne sera plus dans ce pauvre nid que je devrai vous venir chercher : la gloire et la fortune vous en auront fait descendre depuis longtemps, et je me vanterai d'avoir été le premier à vous comprendre, à vous deviner.

— Quoi qu'il arrive, me dit-il, obscur ou célèbre, riche ou pauvre, vous me retrouverez bien heureux de vous revoir et de vous embrasser.

Nous nous séparâmes en promettant de nous écrire.

IV

Pour peu qu'on ait vécu, on sait ce que deviennent ces promesses de s'écrire en amis, surtout à cet âge orageux où la passion de l'amitié a cédé le pas à tant d'autres. Je reçus une lettre de Karl à Gênes. Je lui répondis de Florence. Notre correspondance n'alla pas au-delà, mais au milieu des préoccupations qui m'absorbaient, je portai partout le souvenir de l'image de ce jeune homme ; je le retrouvai partout dans ma pensée comme une des joies les plus vives que me réservait le retour. Je cherchais son nom dans tous les journaux français qui me tombaient sous la main. Je ne doutais pas que son étoile ne brillât bientôt du plus vif éclat.

Après quatre années d'absence, en traversant le Berry pour rentrer à Paris (car, abeilles ou frelons, c'est là toujours qu'il nous faut revenir), je profitai d'un accident arrivé à la diligence pour gagner à pied la cité voisine où se trouvait le plus prochain relais. Je ne tardai pas à l'apercevoir coquettement assise sur le versant d'une jolie colline. La position en était délicieuse : les maisons groupées dans la verdure, le clocher perçant le feuillage, la rivière au bas du coteau, le pont d'un effet moins rassurant que pittoresque, la belle avenue de peupliers, tout me charmait et j'admirais tout, sans songer que j'avais devant moi un de ces repaires de méchants et de sots, qui s'appellent des petites villes. Quand j'y entrai tout changea de face, car il est à remarquer qu'il en est de ces trous d'humains comme des antres que les bêtes fauves se creusent au fond des forêts : ce n'est aux alentours que fraîcheurs et parfums, gazons touffus, sources d'eau vive ; à l'intérieur, c'est un charnier infect et hideux. Au bout d'une rue sale, étroite et mal pavée, qui s'appelait modestement rue Royale, je débouchai sur une petite place dont l'extrémité plantée d'arbres tenait lieu sans doute de jardin public. Quelques bourgeois à l'air important et rogue s'y promenaient gravement en fumant leur pipe. Pour égayer mes loisirs, je m'arrêtai devant une halle d'un aspect malhonnête et peu sain, et je me mis à lire les affiches qui en placardaient l'extérieur. J'appris là une foule de choses, d'abord que j'avais l'honneur d'être dans les murs de la ville de Saint-Florent ; ensuite que M. de Saint-Ernest et mademoiselle Plantamour, *premiers sujets du Théâtre-Français,* se rendant à la cour du roi de Piémont, où ils étaient impatiemment attendus, avaient daigné s'arrêter à Saint-Florent pour y jouer les plus belles pièces de leur répertoire ; puis, que le célèbre Loyal, *artiste en agilité,* s'élèverait en ballon, le dimanche, après vêpres, et lancerait un feu d'artifice sur la ville, à soixante-quinze mille pieds au dessus du niveau de la mer ; puis, qu'il venait d'arriver à Saint-Florent une ménagerie composée, entre autres bêtes curieuses, de deux *mastodontes*, vivants, animaux d'autant plus rares, disait l'affiche, que la race en est complètement perdue depuis quelques milliers de siècles. Suivaient les annonces judiciaires, *biens à vendre ensemble ou séparément, coupes de bois, licitations, adjudications* ; mais, dieux immortels ! quels ne furent pas mon étonnement et ma stupeur, en apercevant ces simples mots : *S'adresser à M*[e] *Karl Henry, avoué à Saint-Florent* ! Avoué, lui, Karl Henry ! avoué à Saint-Florent ! Hélas ! pensai-je avec tristesse, il aura manqué d'énergie et de volonté, il a succombé dans la lutte. Le papillon est retourné à sa chrysalide, le lis est rentré dans sa bulbe noire et terreuse.

Cependant je doutais encore que ce fût lui.

Un enfant du crû, à qui je donnai généreusement de quoi passer deux fois le pont des Arts, au premier voyage qu'il ferait à Paris, me conduisit à l'étude de Mᵉ Karl. Je pénétrai dans une grande maison triste, froide et silencieuse. L'étude était à gauche au rez-de-chaussée ; à droite, montait lourdement vers les étages supérieurs un large escalier dans lequel un propriétaire de la Chaussée-d'Antin aurait trouvé moyen de faire tenir deux ou trois appartements complets ; dans le fond, j'entrevis un petit jardin où quelques fleurs se réjouissaient sous les baisers d'un doux soleil d'automne.

Le cœur ému, je poussai la porte de l'étude et j'entrai dans une salle humide et sombre, meublée de deux clercs dont je me pris, en attendant le maître absent, à observer le travail ingénieux et cruel. Ce travail consistait à attraper les mouches qui volaient autour de leur écritoire, et à les enfermer sous une coquille de noix percée d'un trou presque imperceptible ; cela fait, ils veillaient sur les tentatives d'évasion, et quand une des prisonnières s'avisait de passer sa petite tête par le trou fatal, un des jeunes bourreaux la lui tranchait avec la lame d'un canif. Je vis ainsi décapiter plusieurs douzaines de victimes ; le sol était jonché de cadavres. Heureusement, le retour du patron vint mettre fin à ces sanglantes exécutions. Au bruit de ses pas qu'ils reconnurent, un des terroristes cacha précipitamment dans sa poche l'instrument du supplice, et s'étant jetés chacun sur sa plume, tous deux se mirent à griffonner avec rage.

C'était lui, c'était mon Karl Henry ! il rentrait du tribunal, avec une énorme liasse de papiers sous le bras, encore tout chaud et tout bouillant d'une plaidoirie, vraie catilinaire, qu'il venait de fulminer contre une bande de canards qui s'étaient permis de prendre leurs ébats dans le pré d'un de ses clients. Nous tombâmes dans les bras l'un de l'autre, et quand nous nous fûmes embrassés à plusieurs reprises, il m'entraîna dans le jardin et me fit asseoir sous une tonnelle de houblon et de vigne vierge. On pense quelle joie des deux côtés, que de questions échangées coup sur coup et n'attendant pas la réponse !

— Parlons de vous d'abord, dit-il en insistant ; ensuite viendra mon tour.

— Je n'ai rien à raconter, lui répliquai-je ; j'ai quelque peu voyagé et n'ai retiré de mes voyages d'autre satisfaction que celle de rentrer chez moi. S'assurer que les hommes sont partout les mêmes, pétris partout du même limon, en proie aux mêmes inquiétudes, agités des mêmes passions ; retrouver partout le spectacle des mêmes misères ; changer sans cesse de lieux et ne point parvenir à se changer soi-même ; errer isolé de ville en ville, sans communication avec notre passé, sans liens avec notre avenir, traîner çà et là une curiosité ennuyée ; admirer des monuments qui n'attestent pour la plupart que l'orgueil, la folie et le malheur des hommes ; se fatiguer à chercher bien loin des sites moins beaux que ceux qu'on a chez soi; voilà ce qu'on appelle voyager : c'est à coup sûr le plus triste de tous les plaisirs. Parlons de vous, ami. Tel d'ailleurs n'a jamais quitté le foyer de ses pères, qui en sait plus long que beaucoup d'autres revenant des contrées lointaines ; tel n'a fait que le tour de son cœur, qui a vu plus de pays que s'il eût fait le tour du monde. Par quel hasard vous trouvez-vous ici, dans cette petite ville, au fond de cette province, à la tête de cette étude, vous que j'ai quitté, il y a quatre ans à peine, à Paris, épris des arts, amoureux de la gloire, rempli d'ardeur et de génie ?

Voyant qu'il se taisait, je craignis d'avoir offensé quelque amour-propre déjà souffrant, irrité quelque susceptibilité douloureuse.

— Pardonnez ces questions, m'écriai-je, et ne songeons qu'à la joie de nous retrouver.

— Mon ami, dit-il enfin, avez-vous quelque affaire qui vous presse et ne sauriez-vous, sans nuire à vos intérêts, me donner un jour ou deux ? D'abord, vous me devez cela après une si longue séparation ; ensuite, vous comprendrez mieux ce que j'ai à vous dire, quand vous aurez passé quelques heures sous ce toit.

— Je n'ai rien qui me presse, et suis tout à vous, m'écriai-je.

— Allez donc, ajouta-t-il, avertir à la diligence : je vous attendrai pour dîner.

Je revins au bout d'une heure ; l'étude était fermée ; je montai au premier étage, ce fut Karl lui-même qui m'ouvrit la porte. Il me prit par la main et m'introduisit dans un grand salon où se tenaient deux femmes assises dans l'embrasure de la fenêtre. Il me conduisit vers elles, et s'adressant à la plus âgée :

— Ma mère, dit-il en me nommant, c'est l'ami dont je vous ai tant de fois parlé.

Puis, me présentant à la plus jeune, qui s'était levée pour me recevoir :

— Mon ami, me dit-il, c'est ma femme.

Je restai quelques instants troublé : j'avais compté sur un dîner de garçons et ne m'attendais pas, en venant, à trouver Karl en ménage.

J'observai sa femme : elle avait la beauté du diable. Je m'aperçus bientôt que sa mère était aveugle : elle avait l'air commun, revêche et tracassier.

— Monsieur, dit-elle d'une voix aigre, vous avez pour ami un bien mauvais sujet : je veux croire, sans vous flatter, que vous valez mieux que lui.

— Ma mère, répondit Karl avec douceur, notre ami est trop modeste et trop indulgent pour en convenir.

J'avais pensé d'abord que ce n'était de la part de la vieille mère qu'une façon de plaisanter, mais, à l'attitude du fils, je crus comprendre qu'elle parlait sérieusement, et je n'en doutai plus, quand j'entendis la jeune femme dire à son tour :

— Allons, maman, il ne faut pas le gronder, il est bien gentil, ce pauvre chéri : il a bien travaillé tout ce mois. Il a plaidé à toutes les audiences et n'a pas gagné moins de douze procès.

— C'est bon ! c'est bon ! répliqua la bonne vieille en grommelant ; c'est un paresseux qui mourra sans avoir achevé d'acquitter le prix de son étude.

— Ma mère, dit Karl en s'agenouillant auprès d'elle, vous êtes parfois bien sévère.

Et il lui baisa la main.

En cet instant, la porte du salon s'ouvrit pour donner passage à trois grandes jeunes filles qui n'étaient ni de la première beauté ni de la première jeunesse, une exceptée qui paraissait au matin de la vie, et qui ne manquait ni de grâce, ni d'un certain charme. Les deux autres pouvaient avoir de vingt-huit à trente ans ; elles ressemblaient à ces fleurs étiolées, flétries avant de s'être ouvertes et auxquelles il n'a manqué, pour s'épanouir, qu'un peu de brise et de soleil. Elles me saluèrent d'un air sec et compassé, tandis que la plus jeune m'examinait d'un regard curieux.

Savez-vous rien de plus éloquent et de plus adorable que la façon dont Oreste, dans *Iphi-*

génie en Tauride, présente à sa sœur son ami ? « *C'est Pylade, ma sœur.* » Rien de plus ; mais à ce trait sublime, que Talma rendait, dit-on, avec tout le génie de l'amitié antique, qui ne sent pas son cœur s'émouvoir n'est point digne d'avoir un ami. Ce fut ainsi que Karl me présenta à ses sœurs : en entendant prononcer mon nom, la plus jeune sourit, et un pâle rayon passa sur le terne visage des deux autres.

On fit cercle autour de l'aveugle et la conversation s'engagea. On parla de Paris.

— Séjour de perdition ! dit la mère.

— Karl y a fait bien des folies ! ajouta la sœur aînée en se pinçant les lèvres.

— Si j'ai le malheur d'avoir un fils, je réponds bien qu'il n'y mettra jamais les pieds, répliqua la jeune madame Karl.

— On dit qu'on y enlève les femmes en plein jour, dit la seconde sœur avec indignation.

— Je voudrais bien y aller, moi ! dit la troisième en soupirant.

Pendant le peu de temps que dura cet aimable entretien, je découvris que toutes ces femmes se détestaient les unes les autres. Ce devait être un enfer que cette maison. Les deux vieilles filles jalousaient leur belle-sœur, qui était jalouse elle-même de la grâce et de la distinction de la plus jeune. Karl gardait le silence, et je pleurais sur lui dans mon cœur.

Une grosse créature, qui cumulait dans l'intérieur de Karl Henry les fonctions de cuisinière et de femme de chambre, était venue annoncer que le dîner était servi: on passa dans la salle à manger.

D'après le fragment de conversation que je viens de raconter, on peut se faire aisément une idée de ce qui se dit pendant le repas. Ce qui me frappa surtout, c'est qu'à part la jeune sœur qui paraissait aimer son frère d'une tendre affection, on traitait le maître du logis avec un sans-façon qu'on aurait pu prendre au besoin pour du mépris et du dédain mélangés d'un peu de pitié. Loin de montrer de l'humeur,

Karl se montrait pour sa mère, sa femme et ses sœurs, plein de respect, d'égards et de tendresse. Ne m'avisai-je pas de parler du talent de Karl sur le violon ! Le pauvre ami me regarda d'un air suppliant : mais il n'était plus temps. On le traita de fou, d'extravagant, d'artiste et de poète, tous mots qui avaient de la signification dans l'esprit de celles qui les prononçaient. La mère déclara que le gueux de violon était bien heureux qu'elle fût aveugle, et qu'elle l'aurait jeté depuis longtemps au feu si elle avait pu mettre la main dessus.

— Ah ! monsieur, s'écria la femme de Karl avec componction, on ne saura jamais tout le tort que le violon a fait à mon pauvre mari !

— C'est le violon qui l'a perdu, ajouta une des vieilles filles.

— Encore s'il en jouait avec agrément, dit l'autre.

— Mais ce pauvre chéri n'est pas même capable de faire danser la société, reprit l'épouse avec compassion.

Karl avait de grosses larmes qui lui roulaient dans les yeux, et je vis sa jeune sœur qui lui serrait furtivement la main sous la table.

La fin du dessert fut signalée par l'apparition d'une espèce de butor que j'aurais pu croire échappé de la ménagerie dont j'avais lu l'annonce quelques heures auparavant. C'était un gros homme à la démarche lourde, à l'air rusé et fin, moitié renard, moitié hippopotame. Je crus comprendre que j'avais devant moi le prédécesseur et le beau-père de Karl ; en effet, c'était l'homme qui avait cédé en même temps son étude et sa fille à mon malheureux ami. Il avait donné vingt-cinq mille francs de dot à sa fille, et vendu soixante-quinze mille francs à son gendre une étude qui en valait quarante mille. A ce compte, il s'était débarrassé pour rien de sa progéniture, et se trouvait gagner dix mille francs sur le marché.

Il entra, les mains dans ses goussets, le chapeau sur la tête, avec l'impertinent aplomb d'un créancier mal appris en visite chez son débiteur. Soit qu'il n'eût point remarqué la présence d'un étranger, soit qu'il ne s'en souciât pas autrement :

— Les avoués de mon temps, dit-il en jetant un coup d'œil sur la table, servaient moins de plats au dessert, mais ils avaient du pain sur la planche.

A ces mots, Karl Henry se leva pâle et froid de colère.

— Ah çà ! monsieur mon gendre, s'écria l'aimable beau-père, sans lui laisser le temps de lui répondre, j'en apprends de belles sur votre compte. Il paraît que vous refusez des causes, sous prétexte qu'elles sont mauvaises. Sachez, monsieur, qu'il n'y a de mauvaises causes que celles qui ne rapportent rien. Qu'est-ce que cela signifie ? avez-vous résolu de ruiner mon étude et de mettre mon enfant sur la paille ?

— Monsieur, répondit Karl avec dignité, vous oubliez que votre étude est devenue la mienne, que votre enfant est ma femme, que mes affaires ne sont pas les vôtres et que je suis maître chez moi.

— Malheureux ! s'écria la mère aux abois, tu outrages ton bienfaiteur ! Il ne te manque plus que de chasser tes sœurs et ta mère.

— Comment, mille diables ! disait le beau-père en frappant du pied le parquet, vous me devez encore vingt mille francs et je n'aurais pas le droit de mettre le nez dans vos affaires ! Payez-moi et je vous laisserai tranquille, mais je ne souffrirai pas que vous fassiez du désintéressement à mes dépens.

— Ah ! mon cher M. Jauneret, reprit la mère avec désespoir, ce n'a jamais été qu'un sans-ordre ; c'est lui, le malheureux ! qui a fait mourir mon pauvre cher mari de chagrin.

— Ah ! que je suis malheureuse ! ah ! que je suis malheureuse ! s'écria la femme de Karl, se précipitant tout en pleurs dans les bras de son excellent père.

— Il est certain qu'au train dont il y va,

ajouta une des vieilles filles, Karl finira par perdre l'estime des honnêtes gens.

— Va, laisse-les dire! murmura la jeune sœur en l'embrassant ; notre père est là-haut qui te bénit, et moi, je suis ici-bas qui t'aime.

Karl la pressa sur son cœur avec effusion. Puis m'ayant fait signe de le suivre, il sortit, impassible et grave.

V

Quand nous fûmes dans son étude, seuls en présence l'un de l'autre, il s'accouda sur une table, appuya son front sur sa main, et demeura longtemps silencieux, dans une attitude affaissée. Je le regardais avec tristesse, et mesurant l'abime dans lequel il s'était laissé choir, je ne pouvais me défendre d'un sentiment de pitié presque dédaigneux. Je l'accusais malgré moi d'avoir fléchi dans la lutte glorieuse qu'il avait entreprise et d'avoir préféré aux poétiques douleurs de la pauvreté ce qu'on est convenu d'appeler dans le monde *une position lucrative et honorable*.

Comme s'il eût deviné ce qui se passait en moi :

— Mon ami, dit-il enfin, je dois vous sembler bien bas tombé ; que de fois, moi-même, n'ai-je pas pleuré sur ma déchéance ! mais Dieu me jugera : j'ai foi en sa justice et en sa bonté. Mon histoire est bien simple ; je vais vous la dire en deux mots. Ma famille a toujours été pauvre ; j'ai compris de bonne heure que j'en devais être un jour l'unique appui. C'est à ces fins que mes parents me firent donner ce que nous appelons une éducation libérale. Orgueil ou tendresse, ils se saignèrent aux quatre veines, aucun sacrifice ne leur coûta et mes sœurs manquèrent de tout afin que rien ne me manquât. Vous savez par quelle fatalité j'en arrivai à trahir les espérances qu'on avait placées sur ma tête. Vous savez aussi que je ne m'y décidai pas légèrement. Longtemps je combattis mes goûts et mes instincts ; lorsque j'y cédai sur la foi de Baillot, je m'accusai longtemps avec amertume de disposer, contre le vœu de mes parents, d'une destinée qui ne m'appartenait pas. Cependant, je me disais que dans notre époque la gloire et la fortune se tiennent par la main, et la conscience que j'avais de pouvoir un jour enrichir ma famille, me faisait persévérer dans la voie nouvelle où j'étais entré. J'ai bien lutté, j'ai bien souffert ; je me suis débattu sous les étreintes de la pauvreté : j'ai marché, chargé de reproches et de malédictions ; mes sœurs aînées m'appelaient mauvais fils ; ma mère m'appelait mauvais frère ; ma jeune sœur m'envoyait en secret ses petites économies et parfois mon père y joignait les siennes, car il m'adorait, mon vieux père. Je marchais, j'avançais toujours. J'entendais une voix mystérieuse qui me disait : va ! et j'allais. J'allais, les pieds meurtris et le cœur en sang ; mais quand je voulais m'arrêter, va ! s'écriait la voix fatale. Je reprenais ma course et j'allais.

O ma petite chambre ! enchantements de l'art ! joies du travail ! fêtes de la solitude !

pauvreté ! liberté ! hallucinations de la gloire ! Un jour enfin, un jour, la côte que je gravissais s'adoucit sous mes pas ; il se fit autour de moi comme un grand coup de vent qui balaya le ciel, et, du haut de la montagne que je venais d'atteindre, j'aperçus la terre promise. Ignoré de la foule, mon nom n'était déjà plus inconnu parmi les artistes. Chez Baillot, on exécutait ma musique et je me sentais caressé par le premier souffle de la célébrité, pareil aux brises qui précèdent et annoncent le lever de l'aurore. Baillot croyait à mon génie, et moi-même, pardonnez-moi, mon Dieu, ce dernier cri d'un orgueil que vous avez si cruellement frappé ! parfois je me surprenais à y croire. Mais au moment où j'entrevoyais, quoique dans un avenir encore lointain, le prix assuré de mes efforts, je tombai foudroyé sur le sol d'airain de la réalité. Mon père mourut. Éternelle douleur ! il est mort et je n'ai point assisté à son heure suprême. Ses yeux, près de se fermer pour ne plus se rouvrir, ne m'ont pas vu agenouillé à son chevet ; je n'ai pas reçu ses derniers adieux : mes larmes n'ont point coulé sur ses mains glacées. O noble et tendre cœur ! âme charmante ! nature aimable et bonne ! Mon ami, si votre père vit encore, ne vous reposez pas sur l'avenir du soin de réparer les négligences, les oublis trop communs aux affections humaines, et dont ne sont pas exemptes les plus saintes et les plus sacrées ! hâtez-vous de l'aimer, car rien n'est plus incertain que cet avenir sur lequel nous comptons pour réparer les fautes du passé, pour nous acquitter en tendresse ; et croyez-le, c'est un grand remords et un grand désespoir de ne pouvoir payer que sur un tombeau une dette d'amour. Je ne sentis d'abord que la perte horrible : quand je vis clair à travers mes larmes, je demeurai frappé de terreur devant l'immensité du désastre. La mort de mon père laissait ma mère et mes trois sœurs sans aucune espèce de ressources. Le revenu de la place qu'il occupait de son vivant suffisait tout juste aux besoins de sa famille ;

l'argent qu'il avait pu mettre de côté à force d'ordre et de privation, avait été absorbé par mon éducation et par mon entretien, durant les trois premières années que j'avais passées à Paris. Ma mère aveugle et mes trois sœurs, habituées à vivre dans une honnête aisance, se trouvaient donc réduites à la pauvreté. J'examinai froidement ma position. Je commençais, il est vrai à entrevoir le but où tendaient mes efforts; mais j'en étais encore loin. Il ne suffit pas d'arracher au travail le secret du talent; il faut ensuite réussir ! et quand on a réussi, il faut réussir encore, puis encore et toujours. Ce n'était plus pour moi qu'une question de temps, mais je ne pouvais plus attendre. Vous n'êtes pas sans avoir réfléchi aux obstacles sans nombre que notre art doit vaincre et renverser avant d'arriver jusqu'au public. Écrivain ou poëte, j'aurais pu tenter la chance : musicien, je fus perdu. Nul ne saura, Dieu seul a vu ce qui s'est passé en moi à cette époque de ma vie; c'est ce qui me fait espérer en sa justice et en sa bonté. Ma mère et mes sœurs étaient près de crier la faim ; ma résolution fut bientôt prise. Je renonçai au jeu de hasard qui s'appelle la gloire. Je vendis toutes mes partitions et j'en envoyai le prix à ma mère ; je réglai mes petites affaires, et, sans rien dire à personne, je partis, un matin, à pied pour ma province. Je n'étais plus le Karl Henry que vous aviez connu quelques années auparavant ; celui-là s'était lui-même immolé, la veille, sur l'autel de ses devoirs.

A ces mots, il s'interrompit, et moi, je pris sa main que je pressai avec un sentiment d'admiration et de respect.

— Mon ami, reprit Karl, vous devinez aisément le reste. J'avais étudié le droit et la procédure. Je rencontrai un homme qui ne demandait qu'à se débarrasser de sa fille et de son étude ; j'épousai l'étude et la fille. Ainsi fut consommé le sacrifice. Ce que j'ai supporté, vous ne sauriez l'imaginer. Les commencements ont été bien rudes ; j'ai dû lutter non-seulement contre moi-même, mais contre les sots et les méchants au milieu desquels je suis condamné à vivre. Mon ami, on m'a abreuvé de dégoûts, d'outrages et d'amertume. Ajoutez les ennuis d'une profession par laquelle il est presque impossible de s'enrichir sans s'appauvrir du côté de l'âme et de la probité. Non, voyez-vous, nul au monde ne saura ce que j'ai souffert. Mon goût pour la musique a fait douter de mon aptitude aux affaires ; mon violon m'a perdu de réputation : j'ai dû m'interdire d'y toucher. Mes confrères, race pire que celle des loups-cerviers, ont fait courir le bruit que j'étais fou ; j'ai vu ma clientèle s'éclaircir, et ce n'est qu'à grand'peine que je suis parvenu à la ramener. Un soir, dans un bal à la sous-préfecture, où je me trouvais avec ma femme et mes sœurs, le ménétrier ayant fait défaut, on me pria de le remplacer. Je m'y résignai de bonne grâce. J'envoyai chercher mon violon, et je jouai d'abord, sur un mouvement vif et rapide, cette valse que vous aimiez tant, *la dernière pensée de Weber.* Tout alla bien durant quelques instants ; mais je ne sais par quel fatal enchantement j'en vins à oublier le bal et le monde qui m'entourait. Sans y prendre garde, je ralentis peu à peu la mesure, et me mis à jouer comme autrefois dans ma petite chambre, quand je vous avais pour complice et pour auditeur. Tandis que je jouais, tous ces souvenirs charmants s'éveillaient dans mon cœur, mais pleins de tristesse et de mélancolie, et je sentais mon visage inondé de larmes. Tout à coup je me réveillai ; les groupes de valseurs étaient immobiles et me regardaient avec stupeur ; les méchants riaient sous cape ; les sots s'apitoyaient sur mon sort ; ma femme venait de s'évanouir, et mon beau-père me lançait des regards à me percer de part en part. Le sous-préfet me déclara que je jouais faux ; madame la sous-préfète parla sérieusement de me faire jeter par ses gens à la porte. Qui pourrait dire tout ce qu'il m'a fallu d'énergie pour me relever, après un pareil coup, dans l'opinion de

Saint-Florent? Je crois même que ce temps d'épreuve et de réhabilitation dure encore. J'accomplirai jusqu'au bout ma tâche. Avec le devoir pour point d'appui, la volonté est un levier qui peut, sinon soulever des montagnes, du moins les étayer sans en être écrasé. Pourtant, mon ami, n'allez pas croire que j'ai la prétention de me donner à vous pour un héros de résignation ; je ne joue pas au martyr. J'ai bien souvent des rébellions secrètes ; bien souvent aussi j'ai de secrets dédommagements. Ma famille est moins dure et plus indulgente que vous ne le pourriez croire : vous êtes tombé sur un mauvais jour. Ma vieille mère est aigre par l'âge et par les infirmités, mais elle m'aime au fond. Mes sœurs aînées ont vu leur jeunesse se flétrir dans le célibat ; il faut bien leur pardonner quelques mouvements d'humeur. Ma femme ne me comprend guère ; mais la faute en est à son éducation plus encore qu'à ses instincts. Mon beau-père a parfois de bons moments à table. Jenny, ma jeune sœur, est ma joie, ma consolation, mon ange tutélaire. Nous sommes frère et sœur moins par le sang que par le cœur. Elle aime la musique ; elle chante avec goût. La nuit, quand tout repose et dort, nous nous levons à pas de loup, et nous nous réfugions dans la partie la plus retirée du logis. Je prends mon violon, elle chante, et nous faisons ainsi de petits concerts, en nous gardant bien toutefois d'éveiller personne. Une fois dans la semaine, à certaines heures, nous nous donnons rendez-vous dans la campagne. Chacun s'échappe de son côté ; nous nous retrouvons derrière une haie, et de là nous nous envolons à travers champs, causant d'art, de poésie, et souvent de notre père qui nous chérissait l'un et l'autre. Nous nous aimons comme deux enfants du bon Dieu ; la jalousie de ma femme, qui nous surveille comme deux amoureux, donne à notre tendresse un charme et un attrait de plus. Telle est ma vie ; je souffre et je bénis le ciel qui a mis un rayon de soleil entre les murs de ma prison, une fleur entre les barreaux de ma fenêtre.

Ainsi parla Karl Henry.

Qu'ajouterai-je à ce simple récit ? Je partis le lendemain, et, pour finir comme j'ai commencé, pensez-vous que l'histoire ait dans ses fastes beaucoup de héros qui vaillent ce pauvre avoué de province ?

LE CONCERT
POUR LES PAUVRES

A M. le marquis de Belloy.

Vous, ami, qui l'avez connue, vous savez que de longtemps on ne trouvera pas sa pareille. Elle est restée dans notre mémoire à tous, comme une des plus charmantes figures qui aient brillé en ce temps-ci. Elle avait le génie, la beauté, la jeunesse avec la grâce et la bonté qui font qu'on pardonne à la gloire. Elle a filé comme une étoile, mais on peut voir encore le sillon lumineux qu'a laissé son passage. Puisqu'il vous plaît d'entendre parler d'elle, et que tout ce qui se rattache à son souvenir a pour vous un attrait toujours souriant et toujours nouveau, je veux vous conter comment il me fut donné de la voir pour la première fois.

Il y a bien quelques années de cela. J'étais jeune et ne connaissais guère alors que mon village. Un ami de ma famille, qui me tenait en grande affection, ayant parlé de m'emmener dans le midi de la France où l'appelaient des affaires de succession, on pensa qu'avant de me lâcher dans la vie, il ne serait pas mal de me faire courir un peu le monde. Je partis donc par une belle matinée d'avril, en compagnie de l'ami Jacques, dans une petite carriole qui jouait la chaise de poste à s'y méprendre, attelée d'une petite jument aux jarrets de fer, que son maître appelait *Bergère*. Vous jugez quel voyage enchanté ! Le printemps partout, en moi, autour de moi : tout fleurissait, bruissait, verdissait dans mon cœur comme sur la terre, et mes seize ans mêlaient leur ramage aux gazouillements des oiseaux dans les bois.

Nous allions à petites journées, à la façon

des *vetturini*, partant le matin, au soleil levant, prenant nos repas au hasard, couchant le soir à la grâce de Dieu. Mais, très-cher, rassurez-vous, vous n'avez point à redouter de nouvelles impressions de voyages. On ne m'a jamais vu parmi ces pèlerins indiscrets et bavards, qui vont frappant à toutes les portes, et secouant sans façon à tous les foyers la poussière de leurs sandales. Que raconter d'ailleurs et que dire ? Il y a des gens heureux : l'imprévu jaillit sous leurs pas ; le fantastique et le pittoresque les escortent le long de la route ; touristes prédestinés qui, de Paris à Saint-Cloud, trouveront le moyen d'écrire une Odyssée. Moi, mon ami, tout au rebours, et je crois sérieusement que je ferais le tour du monde sans apercevoir la queue d'une aventure. J'ai quelquefois voyagé à pied, à cheval, en voiture ; lancé, comme une flèche, par la vapeur, j'ai descendu le cours des fleuves ; comme Annibal, j'ai franchi les Alpes ; comme le pieux Énée, j'ai navigué sur la mer azurée ; l'Océan m'a porté sur sa croupe verdâtre. Eh bien ! je le confesse en toute humilité, rien ne m'est advenu d'étrange ni de romanesque : sur l'onde, bon vent et flot paisible ; sur terre, jamais d'autre drame que les accidents du paysage, et toujours devant moi le sentier sûr et battu de la réalité, s'allongeant inflexible et nu comme le rail d'un chemin de fer. Les départs au matin, par l'air frais et sonore ; les haltes au milieu du jour ; les pèlerinages aux vieux murs ; le salut échangé avec le contadin qui se rend à la ville ou retourne au hameau ; les conversations silencieuses de l'âme avec la nature ; les rêves confiés à la nuée qui passe ; les rencontres bienveillantes ; les arrivées le soir à l'hôtellerie ; l'accueil de l'hôte, la curiosité, parfois la sympathie qu'éveille presque à coup sûr un visage étranger et jeune ; tels sont, à vrai dire, les incidents solennels qui ont jusqu'à présent signalé mes voyages ; c'est, en quelques mots, tout le poëme de ma première campagne, moins l'épisode que je veux vous conter.

Mon ami Jacques parlait peu. Entre le lever et le coucher du soleil il fumait de quinze à vingt pipes et dormait le reste du temps. *Bergère* faisait de huit à dix lieues par jour, plus ou moins, suivant les étapes. Tout m'était nouveau et tout me ravissait, excepté les villes que nous traversions et qui toutes me semblaient affreuses. Je me demandais s'il était possible que des êtres organisés comme mon ami Jacques et moi consentissent librement à traîner leur vie dans ces hideux repaires, auxquels je comparais avec orgueil le trou natal où j'avais grandi. Charme de la patrie ! puissance des lieux où s'est écoulée notre enfance ! magie du coin de terre où nos yeux se sont ouverts à la lumière des cieux ! Je me souviens de m'être rencontré, voilà quelques années, dans un coupé de diligence, avec un élève du collége Saint-Louis, qui, pour la première fois depuis cinq ans, allait passer les vacances dans sa famille. Malgré la différence de nos âges, nous nous prîmes bientôt d'amitié l'un pour l'autre. C'était un aimable jeune homme, presque un enfant encore, turbulent, expansif et tendre. Il me parlait avec une joie pétulante de sa mère, de ses deux sœurs, du domaine où il était né et qu'il allait revoir après cinq ans d'absence. Je me plaisais à l'écouter : en l'écoutant je me reportais avec bonheur et mélancolie aux jours heureux de ma jeunesse. Comme nous venions de gravir à pied une côte rapide, arrivé sur le plateau, je ne pus m'empêcher de me récrier en voyant le paysage qui se déroulait à nos pieds. C'était merveilleux en effet : des bois diaprés de mille couleurs, des coteaux couronnés de pampres rougis par l'automne ; la rivière qu'enflammait le couchant ; des villages fumant çà et là ; des clochers perçant le feuillage éclairci ; l'ombre des peupliers s'allongeant sur l'herbe des prés ; puis, de la vallée montant jusqu'à nous, tous les parfums, toutes les rumeurs, toutes les harmonies du soir. Mon jeune gars hocha la tête.

— Si vous voulez voir quelque chose de

beau, me dit-il, il faut venir avec moi à Fresnes.

— Qu'est-ce que Fresnes ? lui demandai-je.

— Fresnes, répondit-il, c'est où je vais, c'est le domaine où je suis né, où m'attendent ma mère et mes sœurs.

— Et c'est beau ?

— Oui, c'est un peu beau, ajouta-t-il avec un fin sourire.

— Vous avez des bois ?

— Des forêts.

— De l'eau ?

— Un lac, une rivière.

— Des coteaux ?

— Vous pouvez dire des montagnes.

— Ce doit être en effet un beau pays, lui répliquai-je.

Le reste de la journée, il ne fut question que de Fresnes entre nous. Le lendemain, dans la matinée, la diligence relaya devant la porte du Lion-d'Or, dans une méchante ville appelée, je crois, Saint-Maixent, à deux petites lieues de Fresnes ; c'était là que mon jeune ami et moi devions nous séparer. Un domestique l'attendait en effet au débotté, avec deux chevaux. Le conducteur ayant déclaré que la voiture, par je ne sais quel vice d'administration, s'attarderait à Saint-Maixent au moins durant quatre heures, je cédai aux instances de mon jeune camarade, et me décidai à l'accompagner jusqu'au domaine de ses pères. J'étais curieux de visiter cet Éden, et d'en emporter l'image dans mon souvenir. J'enfourchai donc le cheval du serviteur, et nous partîmes au galop de nos bêtes. Nous avancions au milieu d'un pays plat, nu, sec et morne ; mais je me rassurai en songeant à Vaucluse, où l'on arrive par enchantement, au détour d'un rocher aride. Enfin, après une heure de galop, nos chevaux s'arrêtèrent au bout d'un village, devant une grille de bois peint en vert ; mon compagnon se jeta à bas de sa monture, tomba dans les bras de trois femmes qui pleuraient de joie, et ce fut pendant quelques minutes des embrassements

que la parole humaine ne saurait exprimer.
Bien que fort ému et véritablement attendri,
je cherchais du regard le lac et la rivière, les
montagnes et les forêts. A franchement parler,
c'était un pays infâme. Les premiers transports
apaisés, l'enfant me prit par la main.

— Tenez, me dit-il les yeux mouillés de larmes, voici nos forêts, nos montagnes, et là-bas
notre lac et notre rivière. Hier, avais-je raison?
savez-vous rien au monde de plus beau ?

J'ouvris de grands yeux pour mieux voir. Le
lac était une mare où barbotaient une douzaine
de canards ; la rivière, un filet d'eau malsaine;
la forêt, un bouquet de chênes au feuillage
rongé moins par l'automne que par les chenilles ; les montagnes, quelques quartiers de
roc à moitié ruinés par les mineurs. Charme
du pays natal! ainsi que je m'écriais tout à
l'heure ; et vous-même, mon cher Auguste,
sous le ciel bleu de l'Italie, au milieu des crangers de la rivière de Gênes, n'avez-vous pas
regretté parfois le parfum de vos pommiers en

fleurs, votre maison près du cours de la Seine, les allées de votre verger? Ne vous êtes-vous jamais oublié à chercher du regard le clocher de votre village, ce clocher déjà historique, et qu'à votre tour vous deviez illustrer plus tard?

Cependant, plus nous approchions du Midi, plus les villes prenaient une tournure coquette, un aspect élégant et propre. C'était toujours moins beau que la patrie, et certes j'aurais donné de grand cœur toutes les cités se mirant orgueilleusement dans le Rhône pour mon village, qui baigne modestement ses pieds dans les eaux de la Creuse : mais c'était beau pourtant, j'en convenais. Vers la fin d'avril, par une soirée chaude et dorée comme un soir d'été, *Bergère*, la carriole, l'ami Jacques, sa pipe et moi, nous entrâmes triomphalement dans Carpentras. Voilà, par exemple, une ville charmante qui partage, je ne sais pourquoi, avec Brives-la-Gaillarde, Pézenas et Landernau, le privilége de fournir tous les niais et tous les jobards que sacrifie la littérature à l'amusement du public. Je ne connais ni Landernau, ni Pézenas, ni Brives-la-Gaillarde, mais je certifie que Carpentras, au pied du mont Ventoux, blottie dans son enceinte de remparts crénelés, comme une perdrix dans une croûte de pâté, est une des plus poétiques villes de France qui rôtissent au soleil du Midi. Nous descendîmes à l'hôtel *des Trois Chats qui miaulent.* Sur l'enseigne en plein vent, un artiste de l'endroit avait peint trois chats dans un état d'exaltation difficile à décrire, et qui semblaient exécuter le trio le plus infernal qui se puisse imaginer.

A peine descendus de notre char, nous remarquâmes autour de nous une agitation qui ne devait pas être habituelle. Des groupes animés stationnaient devant l'hôtel et sur la place du théâtre. Il y avait, avec l'air du printemps, je ne sais quel air de fête répandu dans l'atmosphère Des voitures arrivaient de toutes parts et se croisaient en tous sens. Nécessairement il se préparait là quelque chose de joyeux et d'étrange que nous ignorions, car *Bergère*, mon ami Jacques et moi, nous étions trop inconnus et d'ailleurs trop modestes pour attribuer ce mouvement et ce concours des citoyens à notre passage en leurs murs. Il était clair qu'on attendait un prince du sang ou un acteur en représentation.

La cloche du dîner interrompit brusquement les commentaires auxquels nous nous livrions depuis quelques instants. A table d'hôte, j'observai pour la première fois une nouvelle espèce de bipèdes dont je n'avais même pas jusqu'alors soupçonné l'existence, M. de Buffon et les autres naturalistes ayant omis d'en faire mention dans leurs histoires. Mon ami Jacques m'assura que ces êtres bizarres étaient des commis-voyageurs. Ils nous apprirent qu'on donnait le soir même à Carpentras, dans la salle du théâtre, un concert au profit des pauvres. Un concert! à ce mot je rougis de plaisir, ce que voyant, mon ami Jacques se prit à pâlir d'épouvante; car il y avait au monde deux choses qu'il avait en haine profonde : la première, sa femme, et la seconde, la musique. La musique était le seul point sur lequel nous différions de sentiment.

Il faut bien se dire qu'alors un concert était chose rare en province. A cette époque, l'éducation musicale de la France commençait à peine, et, pour ma part, je n'avais entendu d'autres concerts que ceux des oiseaux dans nos ramées. Depuis ce temps nous avons fait en ceci des progrès rapides, la France est devenue musicienne pour le moins autant que l'Allemagne. La mélomanie a tout envahi, et il est difficile de prévoir où s'arrêtera le mal. Il n'est pas, dans nos départements, une ville de quatre mille âmes qui n'ait une fois par semaine son concert d'amateurs, et tous les jours, à toute heure, deux ou trois cents mains occupées à tapoter sur le clavier de cet instrument sans âme et sans cœur qui s'appelle un piano. C'est une rage, une maladie. Dernièrement, j'ai revu mon village. Autrefois, voici vingt ans à peine, on n'y comptait qu'un clavecin, le clavecin de ma pauvre marraine. Je vois encore ses doigts blancs et secs se promenant sur les touches d'ivoire ; j'entends encore les vieux airs de *Richard*. J'ai retrouvé mon endroit infesté de pianos, de cornets à pistons, de basses énormes, de trompettes colossales et d'autres instruments antédiluviens. Le jour de mon arrivée, il y avait concert chez M. le maire ; le lendemain, on donnait une sérénade à un député de l'opposition. Dieu me pardonne, je parierais qu'à cette heure la fille de ma nourrice a un piano et que mon frère de lait joue de la flûte ou de la clarinette ! Autrefois Toinette chantait les airs du pays en patois, et François nous faisait danser le dimanche, sur la place aux Ormeaux, aux sons de la musette. Soyez sûr que la musique a déjà tué parmi nous beaucoup de bonnes choses qui la valaient peut-être. Elle a tué la comédie, la tragédie, le drame, le théâtre en un mot. Aux plaisirs de l'intelligence, qui demandent toujours un certain travail, elle a substitué un délassement qui n'en exige aucun. Pour en jouir, il suffit d'ouvrir les oreilles. Dans les familles, le piano a tué le silence d'abord, le recueillement, puis l'amour des livres et les lectures qui charmaient jadis les soirées d'hiver.

Les concerts sont aujourd'hui un divertissement assez commun et assez vulgaire, à la portée de tout le monde ; on les donne à la douzaine. Je ne parle pas seulement de Paris, où nous avons des concerts en veux-tu, en voilà ; je parle aussi de la province, où il est bien difficile de passer entre deux rangées de maisons sans recevoir une sonate dans la poitrine. Mais au temps où je voyageais avec mon ami Jacques, dans la carriole traînée par *Bergère*, un concert était un événement, quelque chose de rare et de solennel. On s'y prenait trois mois à l'avance, et quand le grand jour avait lui, c'était de toutes parts une affluence pareille à celle qui encombrait Carpentras à l'heure dont nous parlons. Il faut tout dire : à ce concert au profit des pauvres, on devait entendre plusieurs amateurs célèbres dans le département et aux alentours, entre autres un flageolet de Tarascon dont on racontait des merveilles. Mais l'attrait le plus vif, l'appât le plus séduisant, le vrai charme de cette fête, c'était la comtesse de R..., qui avait promis d'y concourir de sa grâce, de sa beauté, de sa voix et de son talent.

Or, il y avait sur la comtesse de R... toute une histoire, qu'on racontait de façons diverses. A ce propos, les êtres étranges que mon ami Jacques appelait des commis-voyageurs, s'en donnaient à cœur joie et se permettaient une foule de traits subtils et de plaisanteries ingénieuses que je ne saurais trop redire. Toutefois, ce que j'entendais piquait au vif ma curiosité. J'appris que la comtesse de R... était, quelques années auparavant, une cantatrice célèbre; son nom, que n'a point dévoré l'oubli, résonne encore aujourd'hui, entre les noms de Pasta et de Catalani, comme une harpe éolienne. N'ayant pu parvenir à faire de la prima donna sa maîtresse, le comte de R... en avait fait sa femme. On ajoutait qu'amant jaloux autant que mari sévère, après l'avoir enlevée au théâtre il la tenait dans son château, où l'infortunée victime se mourait de regrets, de tristesse et d'ennui.

Peut-être n'étaient-ce là que des fables inventées à plaisir. Toujours est-il que depuis trois ans que la comtesse habitait le pays, on l'avait à peine entrevue. Si les uns vantaient sa jeunesse et sa beauté, d'autres affirmaient qu'elle n'était rien moins que jeune et belle. D'autres enfin prétendaient qu'elle avait perdu sa voix après quelques mois de mariage. A l'unique fin de savoir à quoi s'en tenir sur toutes ces questions, le pays qui d'ailleurs n'aimait point le comte de R... à cause de sa grande fortune, de son grand nom, de son rare esprit et de ses belles manières (j'ai su tout cela plus tard), le pays, dis-je, avait imaginé de donner un concert pour les pauvres, et de prier la comtesse de R... de concourir à cette œuvre de charité. Le fait est que la charité n'entrait pour rien dans cette bonne œuvre ; c'était tout simplement un prétexte pour arriver jusqu'à la mystérieuse châtelaine, un piége que lui tendait la curiosité des méchants et des sots, qui n'étaient pas fâchés en même temps de rappeler à M. le comte qu'il avait épousé une *chanteuse*, et de lui prouver qu'on était dans le secret de sa mésalliance. Une députation de notables s'était donc rendue au château. A leur grand désappointement, ils n'avaient pu pénétrer jusqu'à la comtesse, mais le comte les avait accueillis avec toutes sortes de bonnes grâces, et s'était empressé de promettre le concours de sa femme à l'œuvre charitable. La nouvelle s'en était répandue bientôt à dix lieues à la ronde, et voilà pourquoi l'on accourait de toutes parts à cette fête.

Décider l'ami Jacques à prendre un billet de concert, il n'y fallait pas songer. Rien qu'à l'idée qu'on allait faire de la musique à Carpentras, il voulut atteler *Bergère* et s'enfuir à la hâte. J'eus bien de la peine à l'en dissuader. Sur le coup de huit heures, il alla se coucher, et moi, conduit par la foule, je pris, libre et joyeux, le chemin du théâtre. La salle était déjà pleine. Les concertants et leurs instruments occupaient la scène, ornée de fleurs et de guirlandes de feuillage. Un piano, destiné à la comtesse de R..., était placé près de la rampe, en face de l'assemblée. Tout le monde était à son poste ; nul ne manquait que la comtesse. Déjà on s'interrogeait avec inquiétude ; tous les regards erraient çà et là ; la comtesse de R... ne paraissait pas. Après une heure de vaine attente, comme des murmures d'impatience commençaient à circuler dans la salle, l'orchestre prit le parti de commencer.

On joua d'abord l'ouverture de *la Caravane*. Je trouvai l'exécution parfaite et d'un effet magique ; je ne me doutais pas jusqu'alors que, douze hommes étant donnés, on pût arriver à produire un pareil tapage. Flûtes, violons, basses et clarinettes rivalisèrent d'énergie et de bon vouloir ; j'en suais pour eux à grosses gouttes. Il n'est pas besoin d'ajouter que ce morceau fut couvert d'applaudissements frénétiques : les mères, les sœurs, les épouses, les cousines des exécutants, sanglotaient à pierre fendre et pleuraient comme des robinets ouverts. La dernière mesure achevée, tous les yeux cherchèrent la comtesse de R...; point de comtesse.

Au bout de quelques minutes de répit, un monsieur gros et court, habit noir et cravate blanche, s'avança sur le bord de la scène, salua gracieusement, tira de sa poche trois ou quatre morceaux de buis ; puis, après les avoir ajustés les uns aux autres, il annonça qu'à l'aide de ce léger instrument, il allait imiter le chant de tous les oiseaux, depuis le chant du rossignol, jusqu'au croassement du corbeau. A ces mots, il courut dans l'assemblée un murmure de flatteuse approbation, auquel succéda presque aussitôt un profond et religieux silence. Ce monsieur gros et court était le flageolet de Tarascon.

Il imita d'abord le gazouillement du rossignol, puis successivement le ramage de la mésange et de la fauvette, le sifflement du merle, le cri de la chouette, le roucoulement de la colombe, le gloussement de la poule, le chant aigu du coq, et, comme il l'avait promis, le croassement du corbeau. Ce flageolet était à la fois une volière et une basse-cour. Après une heure de cet agréable exercice, que sembla goûter fort le public de Carpentras, le monsieur remit en morceaux son précieux instrument, les fourra dans sa poche, et se retira au milieu des applaudissements de la foule. Mon voisin de droite, qui ne pouvait croire aux merveilles qu'il venait d'entendre, assurait qu'il y avait des oiseaux cachés dans les coulisses. Mon voisin de gauche, aimable et fin railleur, était d'avis que ce monsieur envoyât son flageolet, pour le faire empailler, à M. Dupont, le naturaliste.

Au monsieur gros et court succéda un autre monsieur, long et mince. Celui-ci était d'Avignon. Il annonça qu'il allait, à l'aide d'un simple violon, imiter tous les instruments, depuis la flûte jusqu'au tambour, ce qu'il fit avec les meilleures intentions du monde. Il joua de tous les instruments, excepté du violon. En y songeant, je me suis dit plus tard qu'il est ainsi beaucoup d'artistes chez qui le talent d'assimilation a tué l'individualité, habiles à tout reproduire, si ce n'est leur propre nature, échos de tous, si ce n'est d'eux-mêmes.

Au monsieur long et fluet succéda un troisième monsieur, chevelu, barbu, frisé, pommadé, bichonné, gants queue de serin, manchettes relevées sur le poignet ; un beau, un dandy ; le lion n'était pas encore inventé. Il avait la taille d'un tambour-major, des mains à tuer un bœuf d'un coup de poing, des épaules à rendre jaloux Hercule. Il se mit au piano, et chanta *Fleuve du Tage*, d'une voix amoureuse qui nous plongea tous dans le ravissement. Dès lors, j'ai toujours professé une profonde admiration pour la valeureuse jeunesse qui charme ainsi les soirées du monde. Aller sur le terrain, essuyer sans pâlir le coup de feu de son adversaire, assister vaillamment à une bataille rangée, charger l'ennemi d'un pied ferme, marcher sans faiblesse au supplice, tout cela n'a rien qui m'étonne. Mais en présence de deux ou trois cents personnes, se camper bravement devant un piano, et chanter dans sa barbe : *Je vais revoir ma Normandie*, ou toute autre complainte analogue, c'est le plus haut point d'héroïsme où l'homme puisse arriver. Ces messieurs ont fait leurs preuves de courage, et sont en droit de refuser un duel. Les femmes en ceci partagent mon opinion, et comme, en général, elles aiment les héros, il est rare qu'un chanteur de romances ne l'emporte pas auprès d'elles sur un homme d'esprit.

Cependant la comtesse n'arrivait pas. Il était près de dix heures : raisonnablement on ne devait plus compter sur elle. Toutefois, on attendait, on espérait encore, lorsqu'un quatrième monsieur, de Carpentras celui-là, le chef d'orchestre, le meneur de la fête, s'approcha de la rampe, et, après trois saluts compassés, communiqua à l'assemblée une lettre qu'il venait de recevoir à l'instant. C'était une charmante petite lettre, par laquelle madame de R... s'excusait de ne pouvoir se rendre au concert, et priait MM. les commissaires de vouloir agréer son offrande avec ses regrets. Cette lettre était accompagnée d'un billet de mille livres.

On pense si ce dut être un cruel désappointement pour les curieux, les sots et les méchants. Ce fut un tohu-bohu général, un *tolle* universel. Que ne dit-on pas ? que n'entendis-je pas ? Il était assez clair que la comtesse était vieille et laide, puisqu'elle refusait de se montrer ; qu'elle avait perdu sa voix, puisqu'elle refusait de se faire entendre. Mais ce fut l'envoi du billet de mille livres qui surtout échauffa la bile de ces honnêtes gens. Il convenait bien à une chanteuse des rues de prendre ainsi des airs de princesse ! Les indigents de Carpentras avaient-ils besoin des munificences du château de R...? La ville ne suffisait-elle pas à nourrir ses pauvres? On était d'avis que ce billet de mille livres fût immédiatement renvoyé à l'orgueilleuse donatrice. En même temps, comme le plus grand nombre n'avait payé que pour voir et pour entendre chanter la comtesse, ce n'étaient de toutes parts que gens qui se disaient volés et réclamaient impérieusement leur argent : si bien que de ce concert donné au profit des pauvres, les pauvres couraient grand risque de ne retirer d'autre bénéfice que l'avantage de n'y avoir pas assisté. L'indignation allait croissant, l'exaspération était au comble. Vainement, pour apaiser les passions déchaînées et couvrir le bruit de l'orage, l'orchestre attaqua, avec une vigueur peu commune, l'ouverture de *Lodoïska*; l'orage couvrait le bruit de l'orchestre. Il m'est arrivé, depuis cette soirée mémorable, d'assister à bien des concerts, mais je ne pense pas avoir jamais entendu un pareil vacarme. On sifflait, on hurlait;

une demi-douzaine de chiens, qui avaient suivi leurs maîtres, poussaient des aboiements plaintifs, auxquels de mauvais plaisants répondaient par des miaulements lamentables. Les enfants piaulaient, les femmes criaient, les hommes menaçaient de jeter les banquettes sur le théâtre, et, au milieu de la tempête, l'ouverture de *Lodoïska* allait toujours son train ; les Tartares étaient dans la salle.

Il était difficile de prévoir comment se terminerait cette scène de confusion et de désordre, quand soudain les flots en fureur retombèrent silencieux et immobiles, comme si le doigt de Dieu leur eût commandé de se taire et de se calmer.

Une jeune étrangère avait d'un pied léger, sans que nul s'en fût aperçu au milieu du trouble général, franchi les degrés qui séparaient le parquet du théâtre, et soudain on la vit apparaître, assise devant le piano destiné à madame de R..., comme un ange descendu du ciel. N'était-ce pas un ange en effet ? Elle touchait à peine aux premiers jours de la jeunesse; les grâces naïves de l'enfance ornaient encore son charmant visage; mais déjà l'éclat du génie illuminait son front et ses regards. Elle se tenait simple et grave, sans embarras et sans hardiesse, la bouche demi-souriante. A cette apparition, tout fit silence. Quelle était cette femme? Personne n'aurait pu le dire. Tous les yeux étaient rivés sur elle : calme et sereine, elle paraissait remarquer à peine la foule qui la contemplait. Elle dénoua les rubans d'une capote blanche, qu'elle déposa négligemment à ses pieds. Sa coiffure était basse ; ses cheveux, séparés sur son front, s'abattaient le long de ses tempes, lisses et noirs comme des ailes de corbeau. Elle ôta ses gants, et ses petites mains coururent sur le clavier. Enfin, après avoir préludé durant quelques instants, la jeune étrangère chanta.

Anges et séraphins aux ailes frémissantes, qui tenez là-haut les harpes d'or et chantez en chœur aux pieds de l'Éternel, comment donc chantez-vous, harmonieuses phalanges, si l'on chante ainsi sur la terre ! J'écoutais, éperdu, sans haleine, immobile, et tous écoutaient comme moi. Ce que j'ai entendu, nul ne saura jamais l'exprimer. Elle chantait dans cette douce langue que les femmes et les enfants gazouillent sur les bords de l'Arno. Ce furent d'abord de suaves ondulations qui s'épandirent comme de belles nappes d'eau sous de frais ombrages, pour s'égarer bientôt en de gracieux méandres, telles qu'un fleuve au cours lent et paisible entre des rives embaumées. Je crus voir, je vis un instant les flots mélodieux s'échapper de ses lèvres, je les sentis me soulever et m'emporter dans les célestes espaces. Magie du chant ! puissance de la voix ! dans cette salle enfumée, à la lueur des quinquets huileux, sur une banquette poudreuse, il me sembla que j'assistais pour la première fois aux splendeurs de la création. Elle disait, sur un ton doux et grave, le charme des nuits sereines, les mutuelles tendresses à la clarté des astres d'argent, la barque sillonnant en silence le miroir du lac endormi, et moi, la tête entre mes mains, je voyais, comme dans un rêve, les montagnes d'azur au travers des roses vapeurs du couchant ; je respirais les parfums du soir, j'entendais s'éveiller les brises et les soupirs amoureux se mêler au murmure de l'onde et au frissonnement du feuillage.

Ce premier chant achevé, l'assemblée resta silencieuse, immobile ; pas un bruit, pas une rumeur, pas un mouvement dans la salle, suspendue tout entière aux lèvres de l'enchanteresse. On écoutait encore. La jeune femme avait laissé ses doigts sur les touches d'ivoire. Après les avoir tourmentées au hasard et d'un air distrait, elle s'abandonna de nouveau à l'inspiration de ses souvenirs. Que vous dirais-je ? Vous voyez bien que je suis là comme un pauvre diable de muet que les émotions étouffent et qui n'a qu'un cri pour les exprimer. J'ai toujours aimé la musique, et n'ai jamais pu rien entendre au vocabulaire musical. Cette langue, hérissée de bémols et de bécarres, m'est aussi familière que le sanscrit et le persan. J'aime la musique à la façon des lézards, qui seraient fort en peine, j'imagine, de dire si la symphonie qui les charme est en *ut* majeur ou en *si* mineur. Comment donc vous rendrais-je les effets de cette voix qui, tour à tour vive et légère, tendre et sonore, grave et profonde, jaillissait, éclatait, se brisait en cascades de notes cristallines, coulait à flots harmonieux, grondait comme le torrent dans l'abîme? Il y avait en elle la grâce des jeunes amours et l'énergie des passions terribles. Ainsi, la belle inspirée exprima tour à tour les joies naïves, les coquetteries agaçantes, les emportements jaloux, les transports brûlants, les douleurs éplorées; j'entrevis pour la première fois l'image des poétiques héroïnes dont le nom ne m'était point encore révélé, Rosine, Anna, Juliette, Elvire. Elle chanta la romance du *Saule* que j'avais entendu chanter à ma marraine ; j'entendis cette fois la Desdemona de

Shakspeare, mélancolique comme la nuit qui semble gémir avec elle, pressentant sa terrible destinée, la prédisant dans chacun de ses accents, la racontant dans chacun de ses regards, Desdemona près de mourir. Qu'elle était belle alors et touchante ! Puis elle chanta des chants du Tyrol, agiles et bondissants comme le chamois sur la neige des cimes alpestres : car cette voix qui savait descendre si profondément dans les cœurs, savait aussi se jouer en fantaisies éblouissantes.

Après nous avoir tenus durant près d'une heure dans un enivrement que je ne cherche pas à décrire, elle se leva calme et souriante. En cet instant, la salle éclata, et je pensai que la voûte s'effonderait sous les applaudissements de la foule. J'ai cru dès lors à tout ce qu'on nous a raconté de l'influence d'Orphée sur les bêtes de son pays. Tous les cœurs étaient émus, tous les yeux mouillés de larmes. J'ai plus tard assisté à bien des triomphes de ce genre ; j'ai vu des pianistes épileptiques exciter des admirations effrénées ; j'ai vu lancer des roses et des camélias à la tête de gros ténors bien portants ; jamais je n'ai retrouvé les émotions de cette soirée, si grotesque au début, et qui finissait d'une façon si imprévue et si touchante. On ne songeait même pas à se demander quelle était cette jeune femme que personne ne connaissait ; l'enthousiasme avait absorbé la curiosité. Cependant, toujours calme et sereine, la bouche épanouie dans un demi-sourire, elle ne paraissait pas se douter de ce qui se passait autour d'elle. Le flageolet de Tarascon s'étant avancé pour la féliciter, elle lui rit gentiment au nez ; le génie que nous venions d'entendre n'était plus qu'un enfant espiègle. Au milieu des applaudissements, sous le feu de tous les regards, elle remit tranquillement ses gants et sa capote de voyage ; puis, ouvrant un petit sac de velours vert qu'elle avait gardé jusqu'alors suspendu à son bras par une torsade de soie à glands d'or, elle le façonna comme une bourse de quêteuse, et le présentant dans le creux de sa main aux personnes qui l'entouraient :

— Messieurs, pour les pauvres de notre ville dit-elle de cette voix qui savait si bien le chemin des âmes.

Vous pensez si les applaudissements redoublèrent, et si chacun s'empressa de mettre la main à sa poche. Les pauvres de Carpentras firent là une bonne soirée. Ce fut une averse de blanches petites pièces qui tomba de toutes parts dans le sac de la belle quêteuse. Je vis une femme élégante et parée, tout émue encore et toute frémissante, détacher de son bras un riche bracelet, le glisser dans la bourse, puis baiser la main qui la lui présentait. Je vis une jeune fille, simplement vêtue, et qui sans doute n'avait rien à donner, y déposer en rougissant le bouquet de violettes qu'elle tenait à la main et qu'elle avait mouillé de ses larmes. Quelle pluie de fleurs valut jamais cette modeste offrande ? La quête achevée, l'étrangère après en avoir versé le produit sur la table du piano, retira le bouquet de violettes qui s'y trouvait mêlé, et l'ayant mis à sa ceinture, elle offrit à la jeune fille son petit sac vert en échange.

Je n'ai pas besoin d'ajouter que le concert n'alla pas plus loin ; les violons étaient rentrés dans leurs boîtes, les clarinettes dans leurs étuis. Appuyée sur le bras de sa femme de chambre, la belle inconnue se retira à travers les flots empressés qui s'ouvrirent pour la laisser passer. Déjà les musiciens complotaient une sérénade, et les jeunes gens de Carpentras se proposaient de lui offrir un banquet patriotique. Malheureusement une chaise de poste attelée de quatre chevaux attendait à la porte du théâtre ; les postillons étaient en selle. Elle monta dans la voiture, et, au moment où monsieur le maire s'avançait pour la complimenter, les fouets claquèrent, les chevaux partirent au galop, et la chaise disparut bientôt au milieu des cris et des bénédictions de la foule.

Était-ce un rêve ? je ne savais. J'étais ivre. Il faisait une nuit magnifique ; je m'échappai de la ville et ne rentrai qu'à l'aube naissante.

Mon ami Jacques dormait encore. Je l'éveillai brusquement et lui sautai au cou ; mais lui, voyant que c'était de musique qu'il s'agissait, m'envoya à tous les diables, remit sa tête sur l'oreiller et se prit à ronfler de plus belle.

Une indisposition de *Bergère* nous obligea à prolonger notre séjour à Carpentras. Durant les quelques jours que nous y restâmes, il ne fut question que du concert pour les pauvres, de la comtesse de R... et de la mystérieuse étrangère. Chacun se perdait en commentaires plus absurdes les uns que les autres. Comme il n'y avait pas d'autre sujet de conversation à la table d'hôte *des Trois Chats qui miaulent*, mon ami Jacques était d'une humeur de sanglier. Las d'entendre parler de musique, un beau matin il attela *Bergère*, qui entrait à peine en convalescence, et nous partîmes au petit trot, lui, jurant bien de ne jamais remettre les pieds dans cette ville de malheur, et moi, emportant un des plus charmants souvenirs que devait me laisser ma jeunesse. Aussi, vous ai-je toujours défendue contre les railleurs, ô ville aux remparts crénelés ! Aussi, m'apparaissez-vous toujours pleine de grâce et d'harmonie, ô cité que Pétrarque aimait ! Je n'ai jamais écrit votre grand nom qu'avec respect, ô Carpentras, et, tant que je vivrai, vous aurez une plume amie pour répondre à vos détracteurs.

Notre voyage s'acheva comme il avait commencé, l'un rêvant, l'autre fumant. Nous visitâmes Nîmes, Arles, Montpellier, Marseille. Nous eûmes la douleur de perdre *Bergère* à Alais ; la noble bête creva sur la paille. Après avoir terminé ses affaires et recueilli çà et là quelques milliers de francs qui lui revenaient de l'héritage d'une vieille tante, l'ami Jacques acheta un petit cheval qu'il baptisa du nom de *Bistouri*, en mémoire de son premier maître, chirurgien terrible et barbare, et nous retournâmes à notre village avec ce nouveau compagnon. C'était un animal aux jarrets moins solides que ne l'étaient ceux de la défunte (c'est

Bergère que je veux dire), entêté, capricieux, fantasque, ne se gênant pas pour flâner le long des haies vives et se rouler gaîment dans la poussière du chemin, buvant à tous les ruisseaux, tondant tous les gazons, ruant, reniflant gambadant, portant au vent, au demeurant le meilleur fils du monde. Ainsi, je m'en revins comme j'étais allé ; mais ému, mais troublé, plongeant un regard avide dans toutes les chaises de poste qui filaient près de nous sur la route, et rapportant dans mon cœur des voix confuses et de vagues images qui ne s'y trouvaient pas au départ. *Bistouri* nous versa trois fois, et nous arrivâmes sans plus d'accidents au pays.

L'année suivante, on me mit la bride sur le cou et on me lâcha dans Paris. Je hantai l'Opéra, les concerts ; mais la voix que je cherchais, je ne l'entendis nulle part, si ce n'est dans mes songes où je l'entendais toujours. Les talents les plus admirés me faisaient sourire ; les chants les plus applaudis me trouvaient distrait et indifférent ; les idoles des loges et du parterre me paraissaient indignes des ovations qu'on leur décernait. Malgré leur pompe et leur éclat, toutes ces représentations où je courais avec la foule me laissaient triste et désenchanté. J'avais alors un petit camarade, grand amateur de musique, passionné pour les beaux chants et pour les belles voix. Nous allions ensemble aux théâtres lyriques, et nous revenions ensemble, la nuit, le long des quais, bras dessus bras dessous, lui joyeux et plein d'enthousiasme, moi chagrin et le front baissé. Lorsqu'il me demandait pourquoi j'étais ainsi, je répondais par cette moitié de phrase devenue proverbiale entre nous : Ah ! si tu avais assisté, l'an passé, à un concert pour les pauvres qui s'est donné à Carpentras... Et lui de m'interrompre et de rire à votre nom, ô ville éternellement chère, où j'entendis pour la première fois chanter cette âme mélodieuse qui n'est restée, sur la terre comme dans vos murs, que le temps de charmer le monde !

Découragé, j'avais pris le parti de m'en tenir au chant de mes souvenirs, et depuis quelques mois je n'accompagnais plus mon petit camarade dans ses excursions. L'hiver arriva ; c'était le premier que je subissais à Paris. Un jour, mon petit ami entra dans ma chambre, radieux et triomphant comme Christophe Colomb après la découverte de l'Amérique. Il avait, lui aussi, pas plus tard que la veille, découvert un nouveau monde ; il avait découvert le Théâtre-Italien. L'enfant m'en raconta des merveilles, et m'assura qu'on pouvait s'y risquer, *même après avoir assisté au concert pour les pauvres qui s'est donné à Carpentras*. Je branlai la tête d'un air incrédule. Il insista, mais vainement ; je n'avais point goût à de nouvelles expériences ; d'autres soins d'ailleurs m'occupaient ; enfin, faut-il le dire ? j'étais jaloux pour la voix qui chantait dans mon cœur, jaloux comme un amant pour la beauté de sa maîtresse, et je sentais que je souffrirais si je rencontrais sa rivale.

Dès lors, il ne s'écoula guère de jours sans que mon petit dilettante revînt à la charge. Tous les soirs de Bouffes, il arrivait, passé minuit, s'asseyait sur le pied de mon lit, et Dieu sait tout ce qu'il me fallait essuyer de pamoisons et d'enthousiasme. Plus d'une fois je fus tenté d'en agir avec lui comme avec moi mon ami Jacques avait agi à Carpentras. Je dois convenir cependant qu'il avait fini par piquer au vif ma curiosité et réveiller en moi la fibre musicale. Il me parlait surtout de deux reines du chant qui se partageaient la couronne; je brûlais et je tremblais en même temps de les voir et de les entendre.

Un soir, enfin (je m'en souviendrai toute ma vie), j'avais lu *Otello* sur l'affiche; par un de ces brouillards compactes qui parfois enveloppent Paris comme un linceul, j'allai m'ajouter à la file qui assiégeait la porte du Théâtre-Italien. Après une heure d'attente, sous la brume fine et glacée qui me transperçait jusqu'aux os, la file ondula lentement, comme les anneaux d'un serpent qui s'allonge. Je pénétrai un des derniers dans le sanctuaire ; disons mieux, je n'y pénétrai pas. Je trouvai le temple envahi, et ce ne fut pas sans peine que j'obtins la faveur d'un tabouret dans un couloir. Sur le coup de huit heures, je sentis un frisson passer sur toutes les âmes. Le rideau se leva, et tel était le religieux silence, que je pus entendre longtemps les derniers accords de l'orchestre, qui s'élevèrent légers comme un nuage, planèrent sur la foule immobile, et se brisèrent à la voûte, comme l'onde émue contre la pierre du bassin qui l'enferme. Je ne voyais rien, mais tous les sons arrivaient jusqu'à moi. J'écoutais dans le ravissement, je croyais écouter aux portes du ciel, et, je l'avoue, ingrat, j'oubliais Carpentras, quand tout d'un coup un mouvement se fit dans la salle, et une triple bordée d'applaudissements salua l'apparition de Desdemona. Je cherchai du regard la jeune Vénitienne, mais une muraille vivante me cachait le théâtre et la scène. La foule était redevenue muette. Desdemona chanta. Aux premiers accents de cette claire voix, je tressaillis des pieds à la tête. Était-il vrai? ne me trompais-je pas? n'étais-je pas le jouet d'une illusion? était-ce bien la voix de mes rêves? J'essayai de rompre le rempart qui me fermait l'entrée de la salle; je l'essayai vainement, et je retombai sur mon siége. J'hésitais, je doutais encore; mais lorsque j'entendis la romance du *Saule*, je ne doutai plus, c'était elle! Après la chute du rideau, je me jetai, par un effort désespéré, dans l'orchestre. Bientôt la toile se releva aux acclamations de l'assemblée, qui rappelait Desdemona sur la scène; Desdemona parut. La clarté des lumières vacilla au bruit des longs cris d'enthousiasme; les fleurs pleuvaient, les loges étincelaient de pierreries, les écharpes blanches et roses s'agitaient dans l'air embaumé. Simple et naïve dans son triomphe, je la reconnus bien : c'était elle, c'était l'ange voyageur qui, parfois sur sa route, s'amusait à chanter pour les pauvres.

Le nom qu'avaient crié les loges et le parterre, je ne l'avais pas entendu.

— Monsieur, demandai-je à mon voisin, comment appelez-vous la cantatrice qui vient de chanter le rôle de Desdemona ?

Mon voisin me regarda d'un air curieux, comme si j'arrivais du Congo.

— Marie Malibran, me dit-il.

Hélas ! rien n'a pu attendrir la mort inexorable, ni tant de génie uni à tant de grâce, ni l'amour du public, ni l'éclat de la gloire et de la beauté ! C'est que la cruelle, comme l'a dit le vieux poëte, s'est bouché les oreilles ; autrement elle n'eût point osé la frapper.

VINGT-QUATRE HEURES A ROME

Vers la fin du dernier automne, comme la foule s'épandait lentement par la porte du Peuple et se perdait sous les ombrages de la villa Borghèse pour y danser aux castagnettes la *saltarelle* et la *tarentelle*, par la même porte un voyageur entrait à pied dans Rome, et la foule voyant son air jeune et souffrant et sa démarche fatiguée, s'ouvrait docilement pour le laisser passer. — Ce sera quelque peintre, quelque enfant de France ou d'Allemagne, disaient les jeunes filles en élevant leurs brunes têtes au-dessus de leurs compagnes pour suivre des yeux le blond étranger.

Il marcha droit à l'obélisque égyptien qui s'élève au milieu de la place du Peuple, et, déposant à ses pieds son sac et son bâton poudreux, il s'étendit douloureusement sur l'une des marches de sa base ; son front reposait sur ses mains, les larges bords d'un chapeau calabrais tombaient sur son visage, et le voyageur resta longtemps ainsi, plongé dans un morne abattement.

Lorsqu'il releva sa lourde paupière et sa tête appesantie, la foule s'était écoulée, les pavés résonnaient autour de lui sous les roues rapides des chars et sous les fers brûlants des chevaux, et le soleil, se retirant de l'obélisque, faisait étinceler de ses derniers rayons la croix arborée sur la cime. On était alors aux derniers jours d'octobre, jours de chants et de danses pour Rome. Silencieuse et déserte sous le ciel embrasé de l'été, la ville se réveillait aux feux plus indulgents de l'automne ; elle reprenait à

Naples et à Florence les étrangers qui l'avaient délaissée pour le golfe de Parthénope et les collines de la Toscane ; les habitants de ses montagnes descendaient dans ses murs en habits de fête, et les *canzonnette* d'Albano, de Soubiaco et de Velletri retentissaient sous les chênes verts et les lauriers de ses villas.

Cependant l'*Ave Maria* venait de sonner aux églises voisines. Le jeune voyageur se disposait à s'éloigner pour chercher un gite, lorsque, promenant ses regards distraits sur les objets qui l'entouraient, un vague intérêt sembla l'agiter d'abord, puis une préoccupation puissante l'enchaîna soudain à sa place. Bientôt ses yeux éteints s'animèrent, la pâleur de ses joues se colora, et son cœur battit violemment sous sa blouse grossière. Épiant les chars qui venaient en fuyant raser la marche de granit sur laquelle il tenait debout son corps brisé par la fatigue, il n'en laissait point échapper un seul sans y plonger son avide regard ; et s'il apercevait au loin une écharpe et de longs cheveux flottants à la brise du soir, une blanche main endormie sur l'appui d'une calèche découverte, une pâle figure penchée sur des coussins moelleux, alors je ne sais quel instinct de l'âme, je ne sais quels parfums de l'air lui révélant l'approche d'un être aimé sans doute, tout son sang refluait vers son cœur, et un éclair de joie sillonnait son visage, que le soleil et les voyages avaient flétri moins que la douleur. Mais toujours l'équipage, glissant souple et gracieux devant lui, le laissait triste et désabusé, pour s'évanouir dans l'air de la nuit, rapide comme l'espoir qu'il avait éveillé.

Découragé, il allait reprendre son sac et son bâton, lorsqu'un embarras de voitures étant survenu à la porte du Peuple, un landaw traîné par deux mecklenbourgeois fougueux s'arrêta brusquement devant lui. Il poussa un cri de joie, et, s'élançant vers la calèche, il s'appuya d'une main sur le panneau, et repoussa de l'autre l'alezan brûlé du cavalier qui galopait à ses côtés. L'animal se cabra sous la pression de cette main vigoureuse ; mais le cavalier, frappant de sa cravache le visage de l'impertinent qui venait d'arrêter sa course, enfonça ses éperons dans les flancs de son coursier, et, lui faisant franchir d'un bond le corps de l'imprudent jeune homme jeté sans vie sur le pavé, il disparut avec la calèche, tous les deux légers comme le vent.

Cette scène, jouée en moins d'un instant, n'eut de témoins que ses acteurs et un élève de l'école française qui traversait la place du Peuple. Il s'approcha du voyageur, le souleva de ses bras, et l'appuyant contre l'obélisque, il lui fit boire quelques gouttes de l'eau pure et limpide que quatre lions de marbre vomissent incessamment aux quatre angles de sa base. Lorsque l'infortuné revint à lui, et que, portant la main à sa tête, il sentit sous ses doigts le cercle sanglant qu'avait décrit sur son front la cravache du cavalier, il pressa de l'autre main sa poitrine avec rage et deux larmes tombèrent sur ses joues amaigries.

— Vous souffrez ? demanda le jeune peintre en appuyant affectueusement sa main sur la blessure de l'étranger.

— Oui, je souffre, répondit celui-ci en plaçant la sienne sur son cœur ; et, levant son triste regard vers le jeune homme qui l'avait secouru : — Oui, je souffre bien ! s'écria-t-il en lui jetant autour du cou ses bras avec effusion.

Et il versa des larmes abondantes.

— Est-ce donc vous, Desdicado ? demanda le peintre avec une douloureuse surprise. Qui vous a vu, au dernier automne, brillant à Florence de tout le luxe de la fortune, de tout l'éclat de la jeunesse, osera-t-il vous reconnaitre sous ces traits flétris et sous ces rudes vêtements ? Vous, jeune et beau, élégant et fier, devais-je après dix mois vous retrouver ainsi ?

— C'est que vous ne savez pas tout ce que la destinée peut accumuler de douleur en dix mois, ni tout ce que la douleur peut enfermer d'années en un jour, répondit l'étranger d'un air sombre. Oui, je suis Desdicado, ajouta-t-il en essuyant ses pleurs. Ami, quel est cet homme ? L'homme qui m'a frappé, quel est-il ? L'un de nous deux ne verra point s'effacer sur mon front cette marque infamante.

— Il n'est point un mari dans Rome qu'il n'ait blessé au front plus rudement que vous, répondit l'artiste en souriant. Qui ne connaît point ici le héros de toutes nos fêtes, l'enfant gâté du pape et de ses cardinaux, le caprice de toutes nos femmes, le prince Mariani, l'amant heureux de la marquise de R... ?

— Tu t'abuses ou tu mens ! s'écria l'impétueux jeune homme ; la marquise de R... n'est point sa maîtresse. La marquise de R... vous ne la connaissez pas, ajouta-t-il d'une voix plus douce ; il est tant de marquises dans Rome ! Que Mariani les prenne toutes, mais Béatrice, qu'il la laisse au Seigneur. Non, vous ne la connaissez pas : l'âme de la Vierge n'est pas plus blanche que son âme, les madones de votre Raphaël sont moins célestes que ses traits.

Triste et froide, elle traverse le monde sans que le monde la possède ; car Dieu, jaloux, n'a pas voulu que cet ange échappé trouvât sur notre misérable terre une branche pour se poser, afin qu'il retournât plus vite au Ciel qui le redemande et le pleure.

— Je m'abusais, répondit Lorentz ; cette marquise n'habite point ces murs, et je crois volontiers qu'elle est encore au Ciel d'où vous la faites descendre. Il n'est à Rome qu'une marquise de R..., et vous avez pu la voir glisser devant vous comme un pâle reflet de vos amours. Mariani galopait à ses côtés, et les roues de sa calèche, moins aérienne que vos rêves, ont failli vous écraser sur les pavés de cette place.

— Et qui vous a dit, s'écria Desdicado pâlissant de colère, qui vous a dit que Mariani fût son amant ? Vous êtes tous ainsi, vous autres ! l'honneur d'une femme ne vous coûte pas plus à ternir qu'un roseau à briser sous vos doigts, et vous jetez au vent vos paroles empoisonnées sans vous soucier du but qu'elles frappent! Oh! Lorentz, l'honneur d'une femme est un cristal si pur et si frêle qu'on ne devrait y toucher que d'une main pieuse et craintive.

— Vous aimez donc cette femme? demanda tristement Lorentz.

— Je l'aime, répondit Desdicado.

— Pauvre insensé! murmura le jeune peintre. Desdicado, ajouta-t-il, si mes paroles vous ont blessé, reprenez ce sac et ce bâton et allez secouer loin de Rome la poussière de vos sandales. La sainteté de votre amour aurait trop à souffrir en ces lieux. Allez, ami, partez. Mariani a souillé le sanctuaire où vous veniez vous agenouiller.

— Lorentz, expliquez-vous, murmura l'étranger d'une voix éperdue.

— Que vous dirai-je, répondit l'artiste, que Rome entière ne puisse vous apprendre? A seize ans, noble et belle, Béatrice épousa le marquis de R..., vieillard égoïste et morose. Ce fut un triste jour pour Béatrice, un beau jour pour la jeunesse romaine, qui ne vit dans ce mariage qu'une victime, le marquis de R... La victime fut Béatrice. Elle vécut retirée près de son vieil époux, et le vieillard s'éteignit dans ses bras, entouré de soins, d'honneurs et de respect. Lorsque Béatrice reparut dans le monde comme une ombre échappée du tombeau, les hommages se pressèrent autour d'elle, et chacun voulut ranimer aux rayons de son amour cette fleur qui s'était étiolée dans une solitude austère. Mais Béatrice resta pure comme l'eau qui jaillit de ces marbres ; tous ces amours glissèrent sur son âme sans la réveiller ni la distraire, et, lasse de tant d'importunités, elle alla chercher loin de Rome le repos et la liberté.

— C'est elle, c'est Béatrice ! s'écria Desdicado avec enthousiasme. Vous voyez bien qu'elle est pure et sainte, sainte comme mon amour, pure comme ce bel astre qui nous éclaire.

En ce moment, la lune versait ses blancs

rayons sur Rome, qui semblait endormie sous un vaste réseau d'argent ; la place du Peuple était déserte, le *Corso* silencieux, on n'entendait que le bruit de l'eau dans les bassins et les chants éloignés sous les bosquets de la villa Borghèse.

— Écoutez, répondit froidement Lorentz : après un an d'absence la marquise revint. Elle était partie seule, elle revint accompagnée du prince Mariani. Vous l'avez vu, insolent et beau : ce fut contre son amour que se brisa la rigide vertu de la belle et froide marquise.

— Encore une fois, qui vous l'a dit ? demanda Desdicado, qui sentit de nouveau son sang lui monter au visage.

— Qui ne vous le dira point à Rome ? L'intimité des nouveaux amants n'a pas de prétentions au mystère : leur amour va le front levé. Béatrice ne nie point et Mariani affirme. Qu'en pensez-vous à cette heure ?

— Je pense que Mariani est un lâche et un fat, s'écria Desdicado en se levant.

Venez, j'aurai demain deux honneurs à venger.

— Qu'allez-vous faire? disait le jeune peintre en conduisant Desdicado vers une hôtellerie de la place d'Espagne. Un duel! une provocation! Savez-vous que Mariani est le spadassin le plus habile de la péninsule et que vous ne jouerez pas impunément votre vie contre la sienne? D'ailleurs quelle importance donnez-vous donc à tout ceci? Mariani vous a frappé sans doute; mais ne vous étiez-vous pas jeté, comme un fou, à la tête de son cheval, avant qu'il eût jeté, comme un sot, sa cravache à la vôtre? N'êtes-vous point allé au-devant de l'outrage, et Mariani, qui ne vous a vu de sa vie, j'imagine, pouvait-il vous soupçonner sous l'élégance puritaine de votre nouveau costume? Quant à l'honneur de la marquise, vous auriez mauvaise grâce, il me semble, à vous poser le vengeur d'une victime qui s'est offerte elle-même au sacrificateur. Reste donc à discuter les intérêts de votre amour. Amant délaissé de

Béatrice, je comprends vos douleurs : Béatrice est belle, et...

— Je ne suis point son amant délaissé, répondit Desdicado. Béatrice ne m'a jamais aimé, ses lèvres n'ont point effleuré mes lèvres, jamais ma main n'osa presser la sienne.

— Ne vous plaignez donc pas, s'écria le jeune peintre. Il vous sera facile de ravir à l'amour de Mariani ce qu'il n'a pas craint d'enlever à la vertu de la marquise, si toutefois vous voulez ne point oublier qu'il est entre rivaux d'autres armes que le fer et le plomb, et, pour arriver au cœur d'une femme aimée, une voie moins sanglante et plus sûre que celle de provoquer un amant heureux.

Et comme Desdicado, absorbé par une sombre mélancolie, ne répondait pas : — Au reste, ajouta Lorentz, je suis tout à vous ; je n'ai point oublié les jours de bonheur que je dois à votre amitié. Joyeux ou triste, misérable ou riche, vous êtes Desdicado, mon cœur et mon bras sont à vous.

Parlant ainsi, il tendit la main à l'étranger, et sa figure, à l'ordinaire froide et railleuse, exprima en cet instant une affection si tendre et si dévouée qu'il sembla avec sa main livrer son âme tout entière. Desdicado se jeta dans ses bras.

— A demain donc ! lui dit-il, à demain, au soleil levant. Ce sera mon dernier jour peut-être ; mais je n'attends plus rien de la vie, et j'ai cédé depuis longtemps ma part de bonheur sur la terre.

Après des offres généreuses faites d'une part avec délicatesse, refusées de l'autre sans orgueil, les deux amis s'arrêtèrent devant une hôtellerie de la place d'Espagne. — Vous ne m'avez point initié au secret de votre destinée, dit Lorentz, et j'en respecte le mystère. Quel que soit le sort que le ciel vous prépare, le soleil levant me trouvera à votre porte ; et si, durant cette nuit, ma fortune, mon cœur ou mon bras vous manquaient, franchissez cet escalier qui fait face à votre locanda et vous conduira à la villa Médici ;

vous m'y trouverez à toute heure, veillant et pensant à vous.

A ces mots, Lorentz pressa cordialement la main de l'étranger et s'éloigna, tristement préoccupé des événements qui devaient résulter de cette soirée fatale. Il connaissait l'âme chevaleresque de Desdicado et ne s'abusait pas sur les motifs du rendez-vous qu'il avait accepté ; bien que la vie de son jeune ami lui donnât des inquiétudes qui dominaient toutes les autres, il se disait aussi que les duels étaient proscrits à Rome, que la loi qui les proscrivait frappait également le témoin et l'acteur ; et le jeune artiste, errant, sombre et pensif, sous les lauriers de sa villa, se voyait déjà fuyant de Rome, exilé de sa villa chérie ; puis, s'oubliant bientôt pour revenir à Desdicado, il se perdait en conjectures sur les vicissitudes de cette destinée qu'il avait connue digne d'envie, et qu'il retrouvait, après dix mois, digne de la pitié de tous.

Cependant Desdicado, après une heure de

repos, s'était jeté dans une voiture de place qui l'avait conduit au palais Mariani. Le palais était illuminé, les équipages se pressaient dans la cour, et l'on pouvait voir, par les vitraux ouverts, la gaze, la soie et les fleurs glisser dans les longs corridors à travers les bustes antiques et les vieilles draperies romaines, comme des ombres en habits de bal, entre deux haies d'ombres graves et silencieuses. C'était fête au palais Mariani : les terrasses, parfumées de citronniers et de cythises, retentissaient du bruit des instruments ; les lustres resplendissaient sous les fresques des plafonds, la valse tournoyait déjà sur les pavés en mosaïque. Desdicado se mêla à la foule et se perdit inaperçu, loin du tumulte de la fête, dans une galerie obscure. Il errait depuis quelques instants lorsque des paroles confuses vinrent à ses oreilles, des formes vagues à ses regards ; il se jeta dans l'embrasure d'une fenêtre, et deux fantômes passèrent mystérieusement dans l'ombre.

— Pourquoi si triste et si rêveuse ? disait

Mariani d'une voix plaintive et caressante. Reine de ces lieux, âme de cette fête, vous n'avez fait que paraitre et voilà que vous fuyez déjà ! O Béatrice, pour éclaircir la mélancolie où se consument vos beaux jours, mon amour a tout essayé, la douleur et la joie, sans amener une larme à vos yeux ni un sourire sur vos lèvres ; Béatrice, êtes-vous froide comme ces marbres qui nous entourent ? ajouta-t-il en posant sa main sur une Diane chasseresse dont le front, net et pur, éclairé par la lune, semblait sourire aux pâles rayons de sa vieille divinité.

— Rêveuse et triste, disait Béatrice attachée comme un lierre au bras de Mariani ; ces parfums me fatiguent et ces chants m'importunent ! Mon âme oppressée se replie douloureusement aux bruits joyeux de cette fête comme mes paupières usées au trop vif éclat des lumières. Mariani, laissez-moi m'éloigner, ne me retenez pas ; j'ai vu ma courte jeunesse s'éteindre dans les pleurs et l'ennui ; le monde n'a pas de soleil qui puisse en ranimer la flamme.

Tous deux s'éloignèrent, et l'on n'entendit plus que le frôlement soyeux de la robe de la marquise, pareil au bruit que fait le vent dans les feuilles jaunies de l'automne. Arrivé dans la cour, Mariani jeta sur les épaules de la marquise une pelisse de satin doublée de martre, et, la conduisant à sa voiture, il imprima sur sa main un long et tendre baiser.

— Cette femme est folle ou stupide ! pensait Mariani en remontant lestement les marches de son palais, léger et joyeux, comme si la voiture de Béatrice eût emporté le fardeau de sa vie et le mal de son âme. Giulio Giuliani ! s'écria-t-il en s'appuyant sur l'épaule d'un jeune comte florentin devant un buffet chargé de vins, d'or et de cristaux ; verse-moi, Giulio, de cette liqueur de France ; je veux boire avec toi aux joyeuses et faciles amours !... Mais comme il portait à ses lèvres le cristal couronné d'une mousse pétillante, une main s'appuya sur son épaule, et Mariani, se retournant brusquement, se trouva face à face avec Desdicado.

Pâle et terrible comme la statue du commandeur au *Festin* de Juan, Desdicado entraîna Mariani sur une terrasse voisine, et, rejetant en arrière les blonds cheveux qui tombaient sur ses yeux :

— Monseigneur, demanda-t-il gravement, me reconnaissez-vous ?

Et comme Mariani contemplait le jeune homme avec un muet étonnement :

— Prince Mariani, je suis votre égal, dit froidement l'étranger en plaçant un doigt sur son front ; voici ma couronne de prince, et, puisque votre cravache n'a pas craint de me frapper au visage, votre épée n'aura point de honte à se croiser avec la mienne.

A ces mots il tendit sa main à Mariani, et Mariani y laissa tomber sa main.

— A demain ! monseigneur, ajouta Desdicado ; ne laissons point à la police le temps d'entraver nos démarches. Lorsque les bougies de votre fête pâliront aux premiers feux du jour, vous me trouverez au pied de l'obélisque, à cette même place où vous m'avez foulé ce soir sous les pieds de votre coursier. Je compte sur vous, monsieur ; la campagne romaine sera discrète, et les plaines en sont assez vastes pour cacher un tombeau de plus.

Il y eut tant de noblesse et de dignité dans l'expression de ces paroles, tant de majesté vraiment royale sur la figure de Desdicado, tant de puissance surtout et de fascination dans la sévérité de son regard, que Mariani ne répondit que par une inclination de tête. Desdicado s'éloigna sans ajouter une parole, et le prince romain resta sur la terrasse, immobile et le suivant des yeux. Mais lorsque ce vague effroi se fut dissipé avec l'étonnement qui l'avait produit, Mariani, honteux de lui-même, se demanda comment il n'avait pas fait jeter à la porte cette parodie de l'ombre de Banco, et, contant à Giulio Giuliani l'histoire de cette apparition vengeresse, tous deux se mêlèrent en riant à la foule animée du bal.

Pendant que Mariani voyait sans terreur

s'effeuiller les roses de la tête et pâlir l'éclat des bougies dont la durée peut-être lui mesurait la vie. Desdicado s'était de nouveau jeté dans la voiture qui l'avait amené au palais du prince romain et qui le conduisit en quelques instants au palais Farnèse : c'était là que s'écoulait la vie de la mélancolique Béatrice. Lorsque Desdicado laissa tomber le marteau sur la porte, onze heures sonnaient aux églises de Rome.

— La marquise ne reçoit point à cette heure! dit un laquais richement harnaché en toisant d'un regard insolent le pauvre voyageur.

— Allez dire à la marquise, répliqua hardiment Desdicado, que je viens de la part du prince Mariani. J'ai promis de remettre en ses mains le billet que voici, de le remettre moi-même à elle-même, et sa main recevra ce billet de la mienne, dussé-je mourir sans confession; car je l'ai promis par le corps du Christ et l'âme de la Vierge, et j'ai reçu mon salaire et le vôtre.

A ces mots, il offrit au laquais avide quatre écus romains, seul et dernier trésor qui lui restât au monde. Mais que lui importait-il à lui qui venait d'engager pour l'éternité sa part d'air et sa place au soleil ? Le laquais disparut et revint ; puis, dirigeant Desdicado à travers des galeries lambrissées de glaces, il souleva une draperie de soie, et, pressant le bouton de bronze d'une porte cachée sous ses plis damassés, il s'éloigna, laissant Desdicado dans l'oratoire de la marquise.

L'étranger s'arrêta devant Béatrice, pâle comme la lampe d'albâtre qui brûlait suspendue au plafond de l'oratoire. A demi couchée sur des coussins de velours et la tête penchée sur l'appui d'une croisée ouverte, Béatrice respirait les parfums de ses vastes jardins, et rêvait au murmure de l'eau, dont le jet vigoureux, perçant les dômes d'acacias et de tulipiers, s'épanouissait à la lune en gerbes étincelantes. Sans relever son front ni détourner ses yeux au bruit que fit la porte en se fermant sur Desdicado, la marquise tendit nonchalamment la main, comme pour recevoir le billet de

Mariani. Desdicado pressa cette main dans la sienne.

— Qui êtes-vous ? s'écria la marquise en se levant avec effroi ; puis, se rassurant à la vue du frêle jeune homme qui se tenait tremblant devant elle, qui êtes-vous, répéta Béatrice d'une voix plus calme, et que voulez-vous de moi ?

— C'est moi qui vous aime, répondit timidement Desdicado : m'avez-vous donc oublié et ne me reconnaissez-vous pas ? Près de s'éteindre, le mourant cherche le soleil, que bientôt il ne verra plus, et moi, près de quitter la vie, j'ai voulu vous voir encore.

— C'est donc toujours vous ! murmura Béatrice en retombant sur une pile de coussins.

— Moi, toujours ! reprit le jeune homme. Aviez-vous espéré que le monde eût un asile où mon amour ne vous poursuivrait pas ? Vous ne l'avez pas cru, madame, car vous le connaissez, cet amour que vous avez allumé dans mon cœur ; vous savez que, flamme infatigable, il s'attache à vos pas, et que ni vos rigueurs ni celles de la destinée ne peuvent le lasser ni l'éteindre.

— Qu'attendez-vous donc? demanda fièrement Béatrice. Ignorez-vous que je ne vous aime pas?

— Écoutez-moi, dit le jeune homme d'une voix suppliante; demain j'aurai vécu sans doute, et ce sont mes paroles dernières; recueillez-les donc, madame; ne me repoussez pas à cet instant suprême : prenez patience avec cette existence qui s'en va et que vous aurez possédée tout entière.

La marquise fit signe à Desdicado de s'asseoir. Le jeune homme prit place sur un coussin, aux pieds de Béatrice. Il la contempla longtemps avec amour; puis, la marquise ayant laissé échapper un geste impatient et boudeur :

— Ce fut à Florence, par une journée d'automne, que je vous vis pour la première fois. Jour béni, jour maudit, jour fatal! Je vous vis

et je vous aimai. Je ne vous dirai pas ma vie,
la vie qui précéda celle que vous m'avez faite.
Je ne sais plus, hélas! si j'ai vécu avant de
vous connaître. Je vous aimai, et de mes jours
passés bientôt il ne me resta plus que le vague
et confus souvenir d'un amour malheureux qui
se perdit dans les joies orageuses de ce nouvel
amour comme une larme dans l'Océan, comme
une plainte dans la tempête. Je croyais mon
âme éteinte, et je la sentis se réveiller, ardente
et tumultueuse, aux feux de vos regards, et
ma jeunesse flétrie, je la vis renaitre plus tur-
bulente et plus inquiète qu'aux premiers jours
de son printemps. Je venais, loin de la patrie,
chercher sous d'autres cieux le repos et l'oubli,
je retrouvai la tourmente. Qu'importe! je vous
aimai. Vous, madame, vous m'avez repoussé.
Trop noble pour vous jouer d'un enfant aimant
et crédule, vous n'avez point laissé l'espérance
germer et fleurir dans mon sein ; votre nature
s'est révélée tout de suite, fière, sauvage, indé-
pendante, et votre âme, encore toute meurtrie,

s'est montrée à moi, maîtresse ombrageuse et jalouse de sa liberté nouvellement conquise ; je me soumis et vous aimai toujours. Amour sans espoir, passion dévorante et jamais satisfaite, flamme qui n'avait d'aliment que mon âme, je ne vous dirai pas les joies mystérieuses que je puisai dans les agitations de cette vie nouvelle. Je parvins à dompter les rébellions de mon sang, j'étouffai les fougueuses aspirations de ma jeunesse, et j'appris à vous aimer comme l'une de ces vierges que le Fiesole peignait à genoux et les larmes aux yeux, chastes et belles comme vous.

Un soir, au palais Corsini (je vous accompagnais alors dans les fêtes du monde), vous me dites : — Je pars. — Oh ! ma vie ! vous partiez ! moi je partis aussi.

Mais à Florence, pour vous voir, pour vous retrouver en tous lieux, pour m'enivrer chaque jour de votre sourire et de votre regard, pour respirer l'air que vous respiriez, pour sentir votre robe m'effleurer en passant, pour vous suivre aux Cascine, emportée par un coursier rapide ou mollement assise sur la soie de votre landaw, pour vivre enfin de la vie oisive et élégante où vous jetaient votre fortune, votre rang et l'ennui, moi, pauvre déshérité, seul au monde et délaissé de tous, j'avais épuisé en trois mois l'espoir d'une année tout entière. Vous partiez en poste : je vous suivis à pied.

Je vous suivis partout, j'allai partout cherchant sur les routes poudreuses la trace de votre voiture en demandant à chaque ville un souvenir de votre passage. Je vous retrouvai à Venise, puis à Ravennes, puis à Naples. A Venise, pour gagner le pain de la journée et la couche où la nuit je reposais ma tête, j'essayai l'art du peintre et je fis des portraits ; à Ravennes, j'enseignai la langue de ma patrie ; à Naples, je récitai, sur le môle, les chants de l'Arioste et du Tasse. Eh bien ! j'étais heureux et fier ! Je n'osais, sous cet habit grossier, m'offrir à vous, madame ; mais je vous voyais en secret, j'épiais l'heure de vos courses, votre sortie du théâtre ou du bal ; je foulais les mêmes rives que foulaient vos pieds délicats ; le soir, errant près de vous sur les grèves désertes, j'écoutais le bruit de vos pas, plus doux que le murmure des flots ; je m'enivrais de votre haleine, plus embaumée que la brise des mers. Et puis, dans mes rêves d'enfant, je me croyais l'ange invisible que le ciel avait mis près de vous pour vous protéger. Il n'est pas une heure de vos solitudes où mon amour n'ait veillé sur vous, pas un lieu où je n'aie mêlé la trace de mes pas à la trace des vôtres, pas un sillon de votre barque qui ne se soit perdu dans le sillon de ma gondole. Puis, lorsque l'ennui des mêmes lieux vous poussait vers d'autres contrées ou que votre admiration épuisée allait chercher d'autres merveilles, moi, comme l'oiseau qui ne bâtit jamais son nid sur la rive, je reprenais sans murmurer ma vie errante et solitaire. Ainsi j'ai marché durant deux mois et plus sous les pluies de l'hiver et sous les ardeurs de l'été ; mes épaules se sont courbées sous le sac militaire, et ma main s'est endurcie à porter le bâton d'épines. J'ai dormi sous le manteau étoilé du ciel, j'ai mangé le pain du pauvre et j'ai bu l'eau du torrent. Oh! ne me plaignez pas! j'étais heureux alors. A travers les frimas, votre amour était dans mon cœur comme un foyer bienfaisant, et, sous le soleil enflammé, comme une source limpide. Votre image s'asseyait avec moi sous l'olivier de la colline ; je la voyais me sourire au bout de la route qui se déroulait devant moi. La nuit, vous étiez l'étoile silencieuse qui s'allumait à l'horizon pour diriger mes pas. J'étais heureux; je me disais que tant d'amour vous toucherait peut-être, et, lors même que cet espoir ne surgissait point dans mon âme, je me disais qu'il fallait ici-bas obéir à sa destinée, que j'allais à vous comme le fer à l'aimant et le fleuve à la mer, et je ne rêvais pas une destinée plus belle, et je vous bénissais, car vous étiez la religion dont je me faisais le martyr. Ah! pourquoi ne me suis-je pas éteint aux jours de mes saintes croyances ? pourquoi ne suis-je pas mort, brisé par la fatigue, épuisé par la faim, dans les gorges du mont Cassin ou dans une vallée des Abruzzes ? pourquoi le ciel m'a-t-il laissé survivre à la fleur de mes illusions ! Depuis deux mois que je vous cherche en vain, quelle fatalité m'a donc poussé vers Rome, où je devais vous retrouver l'amante d'un Mariani ? Oh ! madame, était-ce dans l'attente d'un pareil amour que vous avez repoussé le mien ?

Desdicado se tut, et Béatrice ne répondit que par un sourire de dédain.

— Soyez heureuse ! dit le jeune homme : pour moi je laisse à Mariani le soin de me délivrer d'une vie qui n'a plus rien à faire ici-bas.

— Que voulez-vous dire ? demanda la marquise avec inquiétude.

— Insulté par lui et sous vos yeux, madame, je l'ai provoqué, et nous nous battons demain.

— Malheureux, qu'avez-vous fait ! s'écria impétueusement Béatrice en croisant ses deux mains avec angoisse ; vous avez provoqué Mariani et vous vous battez demain !... Qu'avez-vous fait, Desdicado ?

— Comme vous l'aimez ! murmura-t-il tristement.

— Insensés que vous êtes tous ! insensé, vous surtout, jeune homme, car vous avez pu lire dans mon cœur, qui ne s'est dévoilé qu'à vous ! Mariani, mon amant ! moi, Béatrice, sa maîtresse ! Que Rome le croie, c'est bien : il le faut, je le veux. Mais vous, Desdicado, n'avez-vous pas compris que je ne me résignais à l'ennui de ce rôle que pour me délivrer de vingt amours plus importuns encore ! Mariani, mon amant ! Laissez sa vanité s'en flatter au grand jour, laissez la foule stupide croire au bonheur qu'il affiche hautement ; mais vous, non plus que Mariani, vous n'y croyez pas ! Est-ce donc pour lui que je tremble ? est-ce pour lui que mon sang se fige et que mon visage a pâli ? C'est pour vous, c'est pour toi, disait-elle en marchant d'un air égaré. Desdicado, vous êtes mort ; malheureux, il vous tuera !

— Oh ! dites-moi que vous ne l'aimez pas.

— Il vous tuera, vous dis-je. Connaissez-vous Mariani ? Ignorez-vous qu'il serait brave entre les braves de votre patrie ? Et la connaissez-vous cette terrible garde sicilienne à laquelle dès son enfance il a façonné son bras ? Voyez comme le vôtre est faible ! ajouta-t-elle en pressant de sa main convulsive le bras de l'étranger. Partez, enfant, partez ; vous êtes trop jeune pour mourir.

— Répétez-moi que vous ne l'aimez pas.

— Je vous dis que vous êtes mort. Vous ne savez donc pas combien de mères à Naples lui redemandent leurs fils, ni que de secrets sinistres il a confiés aux champs romains ? Partez pour échapper au coup qui vous menace, partez aussi pour vous dérober à cette folle existence. La patrie ne vous garde-t-elle pas un avenir qui vous réclame et des amis qui vous attendent, quelque jeune sœur qui vous pleure et vous appelle, une vieille mère qui souffre et voudrait vous voir avant d'expirer ?

— Je n'ai plus rien : ma mère est morte, ma sœur est morte, mon avenir est mort ! D'amis il ne m'en reste plus : les amis sont pareils aux pierres d'un mur, la première qui se détache entraîne toutes les autres. La fatalité ne s'est jamais lassée de me poursuivre : j'ai vu tout m'échapper et me fuir, mon nom signe ma destinée. Famille, avenir, amis, j'ai tout perdu ! Ma patrie est là où vous êtes, ma vertu est de vous aimer. Je me suis attaché à vous comme l'hirondelle qui traverse les mers aux cordages du navire qu'elle a rencontré sur les flots. Qu'irais-je chercher loin de vous ? Puisque votre indifférence m'exile et me repousse encore, oh ! laissez-moi mourir, laissez-moi sortir de cette vie où rien ne me sourit plus que l'espoir de la quitter. Seulement, si mon sort vous touche, si vous voulez que mon dernier jour soit mon jour le plus beau, dites-moi que je vous ai bien aimée, que je vous laisse pure, et que je puis emporter au ciel la sainte flamme qui m'a brûlé sur la terre.

— Vous pouvez mourir heureux ; mais partez, Desdicado, fuyez.

— Bénie soyez-vous ! Je resterai, madame S'il faut mourir, à cette heure, je puis mourir sans regrets. Adieu ! Gardez de moi quelque doux souvenir. Le ciel ne saurait être où vous n'êtes pas ; mon âme viendra souvent errer sous le palais que vous habitez ; vous la sentirez le soir glisser dans vos cheveux avec la brise ou se plaindre avec elle à vos vitraux fermés.

La marquise s'était assise ; Desdicado avait repris place à ses genoux ; ils restèrent quelques instants à se contempler l'un l'autre ; puis Béatrice, attirant doucement Desdicado vers elle :

— Vous avez bien souffert, vous m'avez bien aimée, et moi j'ai été bien cruelle ! lui dit-elle avec amour. Comme le soleil a bruni la blancheur de votre front ! comme l'azur de vos yeux a pâli dans la fatigue des voyages ! Enfant, vous êtes bien changé ! que vous voilà pâle et débile! Vous étiez si beau le jour où vous m'êtes apparu pour la première fois sous les pins de la Vallombreuse!... moins beau que je ne vous trouve à cette heure, car c'est pour moi que vous avez souffert. Pauvre ami! pourquoi m'avez-vous tant aimée?

Et, parlant ainsi, Béatrice laissait ses doigts se perdre dans les blonds cheveux du jeune homme, ou promenait sa main sur son cou blanc que n'avaient point flétri les ardeurs du soleil.

— Oh! quelle femme pourrait se dire plus aimée que vous! murmurait Desdicado, qui frémissait sous les caresses de la marquise comme une jeune fille sous le premier baiser de son amant.

— Et moi aussi je vous ai bien aimé! disait Béatrice. Lorsque, jeune et belle, je rêvais le bonheur et j'appelais l'amour, c'est vous que je voyais dans mes rêves, c'est vous que j'appelais dans le silence de mes nuits et dans l'amertume de mes jours. Viens, repose ton front sur ce cœur qui si longtemps a brûlé pour toi ! Donne tes lèvres sur mes lèvres ; viens, pauvre enfant qui va mourir !

— Vous m'aimez donc ! s'écria le jeune homme éperdu de bonheur.

— Je t'aime, Desdicado, je t'aime !

— Les étoiles vont bientôt pâlir, dit le jeune étranger d'un air sombre ; le disque de la lune descend à l'horizon, les feuilles tremblent déjà au souffle du matin.

— Que dites-vous, mon âme ? demanda la marquise appuyée amoureusement sur l'épaule de Desdicado.

— Béatrice, ne voyez-vous pas les astres de la nuit qui s'effacent, l'horizon qui rougit, n'entendez-vous pas chanter l'alouette matinale ?

— Le jour est encore loin, et je n'entends que les soupirs des palombes qui se caressent sous l'ombrage de ces jardins. Qu'avez-vous, mon amour ?

— Au soleil levant, j'ai promis de mourir ! s'écria Desdicado avec désespoir.

— Viens donc ! dit la marquise en l'entraînant, viens, le soleil ne se lèvera pas.

Trois heures après, le soleil se levait dans toute sa splendeur derrière les montagnes bleues de Tibur, et ses premiers rayons, frappant les croisées du palais Farnèse, glissaient sous les rideaux de l'alcôve où reposait Béatrice épuisée. Desdicado déposa sur son front un baiser silencieux ; et, dérobant à ses cheveux une boucle qu'il plaça sur son sein, il s'éloigna précipitamment, la joie et la mort dans le cœur. Il trouva Lorentz à sa porte et la calèche du prince Mariani devant l'obélisque de la place du Peuple. Lorentz et Desdicado prirent place vis-à-vis de Mariani et de Giulio Giuliani ; la calèche les déposa tous quatre au-delà de la Storta, à quelques milles de Rome. C'est une des parties les plus admirablement belles et les plus profondément tristes de la campagne romaine. Rien ne donne une idée de la mélancolie de ces plaines incultes où vous pouvez marcher durant un jour sans rencontrer d'autres êtres vivants que quelques pâtres armés de fusils, et quelques buffles qui lèvent leur tête stupide au-dessus des ronces pour vous regarder passer. Pas une habitation, à peine quelques arbres rabougris et poudreux jetés à de longs intervalles sur le bord du chemin ; quelques ruines éparses dans les champs ; quelque tombe antique cachée sous les herbages brûlés par les feux du soleil, quelque bloc de marbre ou de granit sur lequel dorment de longs lézards verts ; des cyprès noirs et sombres s'élèvent tristement à l'immense horizon ; pas un bruit de l'air, de la terre ou du ciel : tout est silencieux et mort ; cette campagne est un tombeau d'airain.

Lorentz portait une boîte de pistolets, et Giuliani deux épées. Arrivés sur le terrain :

— Monsieur, dit Mariani à Desdicado, je ne vous connais pas, et l'un de nous va déroger peut-être ; mais si parfois j'hésite à demander *à certaines gens* satisfaction de certains affronts, je ne la refuse jamais à qui me la demande, quel qu'il soit.

Desdicado ne répondit qu'en prenant une épée des mains de Giuliani, celui-ci ayant fait observer que la détonation du pistolet pourrait trahir le secret du combat.

Tout se passa de la manière la plus convenable. Desdicado, qui n'avait jamais manié un fleuret de sa vie, jeta du premier coup Mariani sur la poussière.

Fier et joyeux, aspirant l'air avec orgueil, plein d'amour, heureux de vivre depuis que Béatrice lui avait fait la vie si belle, Desdicado se présenta bientôt au palais Farnèse. Quelle joie aussi pour elle, qui l'avait pressé mourant sur son cœur !

L'entrée chez la marquise lui fut refusée.

Desdicado se présenta une seconde fois et éprouva le même refus ; une troisième, même refus encore. Lorsqu'il rentra, désespéré, à son hôtel, on lui remit son passeport, avec injonction de quitter Rome sous vingt-quatre heures, s'il ne voulait expier la mort de Mariani par six ans de prison au château Saint-Ange. Ce passeport, signé pour Naples, lui était expédié par le secrétaire de son ambassadeur, à la sollicitation de la marquise de R...

On lui remit en même temps une lettre sous enveloppe. Après avoir brisé d'une main tremblante le cachet aux armes de Béatrice, il lut les lignes suivantes, tracées à la hâte :

« Je hais l'amour, ses droits et ses exigences ; toute espèce de liens m'effraie. Lorsque je me suis donnée à vous, vous n'étiez déjà plus pour moi qu'un souvenir. Mort, je vous ai pressé dans mes bras ; vivant, je suis morte pour vous.

BÉATRICE DE R... »

La même enveloppe renfermait un billet de 10,000 francs payable à vue sur Torlonia. Desdicado le déchira avec colère ; puis, acceptant de Lorentz les offres qu'il avait refusées la veille, il reprit son sac et partit.

FIN

TABLE

	Pages
LE CHATEAU DE MONTSABREY.	1
KARL HENRY.	117
LE CONCERT POUR LES PAUVRES.	175
VINGT-QUATRE HEURES A ROME.	219

Tours. — Ernest Mazereau, imprimeur breveté.

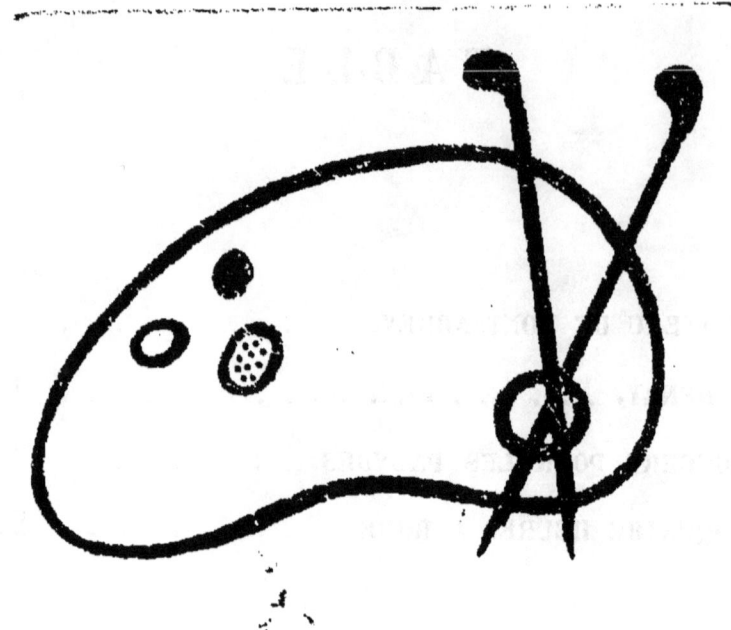

Original en couleur

NF Z 43-120-8

www.ingramcontent.com/pod-product-compliance
Lightning Source LLC
Chambersburg PA
CBHW062236180426
43200CB00035B/1797